AF558595

Don Miguel Ruiz
Barbara Emrys

Du in der Hauptrolle

Don Miguel Ruiz
Barbara Emrys

Du in der Hauptrolle

Ein Leben nach deinen eigenen Regeln

Wichtige Hinweise

Die im Buch veröffentlichten Empfehlungen wurden von Verfassern und Verlag sorgfältig erarbeitet und geprüft. Eine Garantie kann dennoch nicht übernommen werden. Ebenso ist die Haftung der Verfasser bzw. des Verlages und seiner Beauftragten für Personen-, Sach- und Vermögensschäden ausgeschlossen.

Auch wenn eine gendergerechte Sprache wünschenswert ist, gibt es aus Sicht des Verlages bisher keine befriedigende, gut lesbare Lösung. Der leichteren Lesbarkeit zuliebe haben wir des Öfteren von der Doppelung männlicher und weiblicher Formen Abstand genommen. Selbstverständlich liegt es uns fern, dadurch einen Teil der Bevölkerung zu diskriminieren.

Aus dem Englischen von
Antoinette Gittinger

Titel der Originalausgabe:
The Actor. How to Live an Authentic Life.

Deutsche Ausgabe:

www.next-level-verlag.de

Lektorat: Gitta Lingen; Layout: Birgit-Inga Weber
Cover: Guter Punkt, München, unter Verwendung eines Designs
von Opalworks, © Ediciones Urano, S.A.U.
Innenillustrationen: shutterstock.com
(S. 2/3: Macrovector; S. 6/7: Vectorpocket; S. 16/17: Vectors Bang;
S. 42/43: VectorMine; S. 66/67: ivector; S. 108/109: Artisticco;
S. 136/137: GoodStudio);
Piktogramm S. 19 u.a.: Clker/pixabay.com;
Vignette S. 14 u.a.: Tony Hegewald/pixelio.de
Gesamtherstellung: Bernhard Keller
Druck: GGP Media GmbH, Pößneck
ISBN 978-3-949458-02-6

Inhalt

Orientierungstag

Guten Morgen und herzlich willkommen in Ihrer persönlichen Mysterienschule!

Diese Woche werden wir mit einer Reihe von Lehren über Ihr Leben aus Sicht eines Künstlers beginnen. Seit Sie sprechen können, haben Sie zahllose Geschichten über Ihre persönlichen Erfahrungen erzählt. Sie haben Jahrzehnte damit verbracht, Ihre Gefühle zum Ausdruck zu bringen und Ihr Handeln zu dokumentieren. Und doch bleiben Sie sich selbst in vielerlei Hinsicht ein Rätsel. Wir sind nun hier zusammengekommen, um das faszinierendste Geheimnis von allen zu erforschen: *Sie*.

Mit jedem Tag, an dem wir diesem Geheimnis näherkommen, wird sich Ihr Bewusstsein erweitern. Sie werden mehr über Ihre Welt erfahren, darüber, wie sie erschaffen wurde und wie sie verändert werden kann, damit Sie glücklich werden. Ihre Welt ist die Realität, die Sie wahrnehmen. Vielleicht glauben Sie, andere würden die Dinge genauso sehen wie Sie und die gleichen Vermutungen anstellen über das, was sie sehen, doch die Welt jedes Einzelnen ist einzigartig. Ihre persönliche Realität ist ein individuelles Kunstwerk, das durch Ihre eigenen Denkweisen und Ihr Vorstellungsvermögen geformt wurde.

Dieser Kurs soll Ihnen helfen, die kreativen Entscheidungen, die Ihre derzeitige Realität geschaffen haben, und die Auswahlmöglichkeiten zu erkennen, die Ihnen nach wie vor zur Verfügung stehen.

Natürlich sind Sie seit Ihrer Geburt über diesen Campus geschritten. Sie haben an vielen ähnlichen Lehrveranstaltungen in Ihrem Leben teilgenommen und schon länger Geheimnisse erforscht, als Ihnen bewusst ist. Sie haben viele Orientierungstage wie diesen und viele Abschlussfeiern besucht. Sie waren

Student oder Studentin, aber auch Lehrer oder Lehrerin und haben auf Ihrem Lebensweg Ihr Wissen mit anderen geteilt.

Sie sind genau wie jeder andere Mensch ohne Wissen auf die Welt gekommen. Zwar konnten Sie sehen und fühlen, doch intellektuell waren Sie völlig unbedarft. Und wie die meisten Neugeborenen nahmen Sie Ihre kleine Lampe – nennen wir sie Neugier – und bewegten sich voran durch die Dunkelheit. Sie sehnten sich nach Licht und allem, was das Licht sichtbar machen konnte.

Während Sie ein Mysterium des Lebens nach dem anderen aufdeckten, zeigten sich immer wieder neue Mysterien. Die Entdeckungen erfolgten schneller, als Ihr Bewusstsein wuchs. Ihre Fragen wurden tiefgründiger, und das Verarbeiten der Antworten stellte eine immer größere Herausforderung dar. So spielt es sich seit Beginn Ihres Lebens ab.

In der Vorstellung der Menschen gibt es eine Geschichte aus alter Zeit. Sie handelt von einer Versammlung weiser Wesen im Himmel, die beschlossen, eine Mysterienschule mit dem Namen »Erde« zu gründen. Es gibt viele Versionen dieser Geschichte, aber die meisten stimmen darin überein, dass die Vorbereitung dieser Schule sehr viel Zeit in Anspruch nahm. Laut den Wissenschaftlern waren Milliarden von Jahren nötig, um eine Umgebung zu schaffen, die Leben auf diesem Planeten ermöglichen konnte. Weitere Milliarden Jahre waren erforderlich, um einen Campus anzulegen, in den sich Künstler begeben konnten, um die Geheimnisse des Lebens zu ergründen. Mit anderen Worten: Es bedurfte eines langen Entwicklungsprozesses, um den Punkt zu erreichen, an dem wir gemeinsam eine neue Art entdecken, *Sie* bzw. *uns selbst* zu verstehen.

Jedes bisschen Wissen, jedes Thema stellt ein neues Forschungsfeld dar. Viele Menschen wie Sie und ich haben die Naturwissenschaften erforscht und wurden Experten auf ihrem Gebiet. Einige Menschen studieren Philosophie und Sozialwissenschaften. Einige Menschen werden Chemiker, Physiker oder Ingenieure. Und wieder andere verschreiben sich der Religion oder dem Recht. Manche Menschen zeichnen sich im Sport aus, andere in den Geisteswissenschaften. Einige besonders geniale Studenten oder Studentinnen schaffen es sogar, die gesamte Menschheit zu inspirieren. Vielleicht gehören Sie dazu und noch mehr Menschen wie Sie werden folgen.

Heutzutage werden Geheimnisse schneller gelüftet als jemals zuvor. Inzwischen sind Sie seit vielen Jahren Teil dieser globalen Akademie, in der Mysterien untersucht und Geheimnisse aufgedeckt werden. Noch bevor Ihre Schulzeit begann, waren Sie ein Schüler, eine Schülerin. Inzwischen haben Sie in der Welt Ihre Fähigkeiten unter Beweis gestellt, und Sie können noch weitere entwickeln. Sie haben das Potenzial, tagtäglich Ihre Lebensqualität zu verbessern.

Sogar jetzt haben Sie die Kontrolle über sich selbst. Wenn Sie das Potenzial der Aufmerksamkeit nutzen, können Sie weiterhin mehr sehen, mehr verwirklichen und Ihre Bewusstseinsstufe bestimmen. Ich bin davon überzeugt, Sie haben inzwischen begriffen, dass sogar Meister und Meisterinnen nie aufhören dazuzulernen. Wohl haben Sie viele Fähigkeiten erworben, aber auch Sie müssen noch viele Meilen zurücklegen, bis das Abenteuer vorüber ist.

Als Student oder Studentin des Lebens betritt man ein Labyrinth mit zahllosen Wegen, von denen jeder einzelne weitere Möglichkeiten eröffnet. Während Sie sich Ihren Weg durch das Labyrinth bahnen, können Sie unmöglich erkennen, wohin jede Wegbiegung Sie führen wird. Ihr Leben verläuft entsprechend den Wegen, die Sie einschlagen, und Ihre Entscheidungen werden durch jeden Menschen, dem Sie unterwegs begegnen, bestimmt. Andere Studenten haben Ihre Selbstwahrnehmung beeinflusst. Ihre Überlegungen haben in gewisser Weise bereits auf Ihren Lebensweg und Willen eingewirkt und Ihre Zukunft geformt.

Lehrer vermitteln Einsichten, aber die Studenten können nicht erkennen, was sie nicht erkennen wollen. Ihre Arbeit mit mir stellt auch einen künstlerischen Austausch dar. Wenn ich rede, bediene ich mich einer möglichst klaren Sprache; das ist mein künstlerischer Beitrag. Sie hören von Ihrer eigenen Bewusstseinsstufe aus aufmerksam zu; das ist Ihr Beitrag. Es obliegt meiner Verantwortung, wie ich meine Worte wähle, und Ihrer Verantwortung, wie Sie meine Worte deuten. Gemeinsam erschaffen wir Bewusstsein aus dem Geheimnis heraus.

Während unserer gemeinsamen Zeit werden Sie sich an vertraute Geheimnisse erinnern und viele überraschende Geheimnisse aufdecken. In Bereichen, in denen Sie desorientiert oder verwirrt waren, werden Sie allmählich klarer sehen. Die Entdeckungen, die Sie hier machen, verleihen der Gegenwart Kraft und helfen Ihnen, Frieden mit der Vergangenheit zu schließen. Ich schlage vor, Sie betrachten bereits die kleinste Enthüllung als Blitzstrahl, der die Reise des nächstens Tages mit Energie erfüllt.

Diese Mysterienschule wird die Herausforderungen ansprechen, mit denen Sie konfrontiert sind, solange Sie Ihre Welt gestalten. Im Lauf weiterer Unterrichtsstunden werden wir Ihre persönlichen Mythologien erörtern sowie den Einfluss, den sie auf jeden Aspekt Ihres Lebens ausüben. Wir werden uns mit Liebesbeziehungen befassen und mit den vielen Möglichkeiten menschlicher Bindungen. Es gibt so viele Zugänge zum Wissen, doch den Auftakt dieser Woche bildet ein Überblick über die darstellende Kunst.

Warum? Das Schauspielern ist unsere erste erlernte Fertigkeit – noch bevor wir sprechen und noch bevor wir gehen können. »Performance Art« – die Kunst der Aufführung, der Vorstellung bzw. des Vortrags – stellt für jede Person eine Lebensart dar, und sie hat unseren gemeinsamen Traum beeinflusst. Sie zum Beispiel sind in jeder Geschichte, die Sie von sich zum Besten geben, die Hauptperson, und Ihre Loyalität gegenüber dieser Figur hält Sie häufig davon ab, Ihre Authentizität als Mensch zu erkennen.

Diese Woche haben Sie nun die Gelegenheit, das menschliche Drama als ein Ganzes zu sehen, genauso die Rolle, die Sie darin spielen. Vielleicht nehmen Sie viele Dinge wahr, die Sie vorher nicht wahrnehmen konnten. Als Resultat beschließen Sie vielleicht, Ihr Handeln zu ändern. Neue Enthüllungen helfen uns, zu erkennen, dass wir im Leben Optionen haben, unter denen wir frei wählen können.

Wir leben in einer interessanten Welt; Sie sind ein interessantes Individuum. Noch einmal: willkommen! Halten Sie Ihre kleine Lampe hoch und bekunden Sie Ihre unbändige Neugier und Abenteuerlust. Und vergessen Sie nie, Ihren Geist für die Wahrheit zu öffnen.

Notizen zum Orientierungstag

Tag 1:
Der Künstler,
die Künstlerin

»Aber der Künstler kann allein ...
etwas Schönes gestalten,
und wenn er es nicht lediglich
zu seiner eigenen Lust tut,
ist er überhaupt kein Künstler.«

Oscar Wilde

Einen schönen Tag wünsche ich Ihnen! Heute starten wir mit unserem Kurs in darstellender Kunst. In dieser speziellen Schule soll jedes Thema Ihr Verständnis von menschlichem Denken und Verhalten verbessern. Jede Lektion bringt Sie der Weisheit und dem Bewusstsein einen Schritt näher. Es liegt an Ihnen, wie Sie zuhören. Und Sie entscheiden, wie Sie jede Lektion umsetzen.

Einige Schüler gehen zur Schule, weil sie bestrebt sind, etwas zu lernen; vielleicht gehörten Sie in der Vergangenheit dazu. Manche wiederum gehen zur Schule, lassen sich aber leicht ablenken; auch das könnte auf Sie zutreffen. Einige versäumen es, Notizen zu machen, oder können sich nicht erinnern, was sie gelernt haben. Wieder andere kreuzen auf, nehmen an ein paar Unterrichtsstunden teil und gehen vorzeitig wieder ab, was von einem seltsamen Mangel an Interesse zeugt; würden Sie zu dieser Art von Studenten gehören, wären Sie vermutlich jetzt nicht hier.

Ich nehme an, Sie sind seit Ihrer Ankunft auf dem Campus daran interessiert, die Mysterien des Lebens aufzudecken, doch nun sind Sie in eine neue Entdeckungsphase eingetreten. Lassen Sie also Ihre alten Vorstellungen an der Eingangstür zurück. Machen Sie es sich bequem, hören Sie zu und seien Sie bereit, alles mit anderen Augen zu sehen. Mit Aufgeschlossenheit und der Bereitschaft, sich auf Experimente einzulassen, können Sie abstrakte Vorstellungen in beobachtbares Handeln umwandeln.

Gut, wir haben die Einleitung hinter uns gebracht und wollen uns in dieser Unterrichtsstunde den Schauspielern widmen. Bevor ein Kunstwerk erschaffen werden kann, muss es einen Künstler geben. Energie, so mögen Sie sagen, ist der Künstler der Natur. Sie sind der Künstler oder die Künstlerin Ihrer eigenen Realität. Der Impuls, schöpferisch tätig zu sein, liegt in Ihrem Erbgut. Sie wurden damit geboren.

Was genau macht einen Künstler aus? Nun, vielerlei Dinge. Ein Künstler hat ein Auge für Schönheit. Ein Künstler sucht sowohl in der physischen als auch in der virtuellen Welt nach dem Außergewöhnlichen, nach dem Wunder. Ein Künstler sieht, was andere nicht ohne Weiteres sehen, und teilt seine Vision mit den Menschen. Ein Künstler weiß, wie man sich der kreativen Kraft hingibt ... und wie es ist, frei von Gedanken und verliebt zu sein.

Einige dieser Definitionen mögen Ihnen nicht vertraut sein, sondern ein wenig exzentrisch erscheinen. Exzentrik wird als Merkmal von Künstlern angesehen, aber sind wir nicht alle exzentrisch und seltsam? Vielleicht gefällt Ihnen die Art und Weise nicht, wie manche Menschen ihre Kunst zum Ausdruck bringen, aber jede Ausdrucksform hat ihre Daseinsberechtigung. Wir sind alle Künstler, wir haben unterschiedliche und bemerkenswerte Talente. Sie und ich, wir sind zunächst einmal

Architekten, Maler und Geschichtenerzähler. Es ist unnötig, über Techniken und Stilrichtungen zu diskutieren, da jeder Einzelne von uns dabei seinem Instinkt folgt. Jeder Künstler verarbeitet Informationen auf eine einmalige Weise.

Wir geben unser Bestes mit den Werkzeugen, die uns zur Verfügung stehen; dazu gehören das Gehirn, mit dem wir geboren wurden, und das Wissen, das wir angehäuft haben. Mit minderwertigem Werkzeug wird die Arbeit eines Bildhauers eventuell ebenfalls minderwertig. Hat ein Maler nur wenig Licht oder nur wenige Farben zur Hand, stellt ihn dies vor eine echte Herausforderung. Doch Herausforderungen führen oft zu faszinierender, innovativer Kunst. Die Genialität liegt in der unverkennbaren Ausdrucksform jedes Einzelnen, ungeachtet der Einschränkungen.

Bevor wir erörtern, welcher Art Ihre Talente sind, wollen wir über die Natur selbst sprechen, über das Erscheinen des Künstlers in der physischen Welt. Sie und ich, wir wurden in eine Welt hineingeboren, die zu Recht als ein Meisterwerk der Kunst bezeichnet werden kann. Sicherlich können Sie das erkennen. Die Erde ist eine vollkommene Schöpfung. Es dauerte Milliarden von Jahren, bis sich dieser Planet zu dem Wunderwerk entwickelte, das er heute darstellt. Auch wir sind ein Wunder. Die Menschheit ist vergleichsweise jung, aber sie hat ihre eigene erstaunliche Evolution erfahren. Und die Entwicklung geht weiter, sowohl für den Planeten Erde als auch für die Menschen. Jeder Einzelne von uns stellt ein sich wandelndes Kunstwerk dar.

Sie, das Wunder

Wir alle begannen dieses Leben als authentische Wesen, doch die Authentizität schwand dahin, während wir allmählich erwachsen wurden. Man könnte sagen, die Authentizität ging im unablässigen Gesang und Tanz verloren. Wir lernten, den Erwartungen anderer zu entsprechen. Wir lernten, uns zu verstellen und der Verstellung gegenüber die Augen zu verschließen. Im menschlichen Drama wird die Wahrheit oft zugunsten der Show vergessen. Aber im tiefsten Inneren des Schauspiels wartet die Wahrheit darauf, ans Licht zu gelangen. Unter all der Theatralik sind in Wahrheit wir selbst.

Wie alle anderen wurden Sie auf wundersame Weise gezeugt und innerhalb weniger Monate zu einem Menschen geformt. Jeder von uns entwickelt sich gemäß dem biologischen Bauplan des Lebens. Energie ist der Architekt, der Künstler. Energie erzeugt Materie und steuert deren Entwicklung. Sie wurden empfangen, geboren und dank der nicht aufzuhaltenden Kraft der Energie zu einem vollkommenen Kunstwerk veredelt.

Im Augenblick Ihrer Zeugung begann Ihre Ausbildung. Bereits im Mutterleib gingen Sie die Geheimnisse des Menschseins an, ein Puzzleteil nach dem anderen. Das Leben war Ihr Lehrer, der Sie von Anfang an leitete. Nachdem Sie die physische Verbindung zu Ihrer leiblichen Mutter beendet hatten, begannen Sie vom Rest der Menschheit zu lernen. Während Ihr kindliches Gehirn reifte, fing es an, Ihr persönliches Universum zu definieren. Es lernte, Töne, Gestalten und Gesichter zu erkennen. Irgendwann sprach jemand Ihren Namen aus, und Sie erkannten ihn als Ihren eigenen. Jemand erregte Ihre Aufmerksamkeit, womit der offizielle Lernprozess in Gang gesetzt wurde. Sie ahmten Worte nach und lernten nach und nach, eine Sprache zu beherrschen.

Zuerst hatten Sie keine Ahnung, was Sie wussten oder nicht – und es kümmerte Sie nicht. Warum auch? Als Sie geboren wurden, verstanden Sie nicht, was Sie sahen oder hörten, aber Sie waren dazu bestimmt, es herauszufinden. Langsam lernten Sie, das eine vom anderen zu unterscheiden. Sie wählten Gefühle aus und brachten eine gewisse Ordnung ins Chaos. Schritt für Schritt wurde Ihnen Unbekanntes bekannt. Während sich Ihr Nervensystem entwickelte, wurden Sie erfahren darin, ein Rätsel nach dem anderen zu lösen.

Der Geist eines jeden Künstlers wird aus Teilen von Wissen und Erinnerung geformt. Ihr Geist entwickelte sich gemäß den Geschichten, die Sie hörten, und den Vorstellungen, die Sie als wahr akzeptierten. Inzwischen wurde Ihr Körper weiterhin von der Lebensenergie gesteuert.

Mit vier oder fünf Jahren besuchten Sie Ihre erste Mysterienschule außerhalb Ihres Zuhauses. Vielleicht war es ein Kindergarten oder eine Vorschule, wo Sie von anderen Menschen die Regeln menschlichen Verhaltens lernten. Sie studierten die soziale Kunst, bei der »Miteinander-Auskommen« und »Sich-Anpassen« alles bedeutete. Man brachte Ihnen bei, zu teilen und fair zu sein. Sie erhielten ständig Ermahnungen: *»Tritt nicht! Beiß nicht! Schrei nicht! Warte, bis du an der Reihe bist!«* Diese Methoden halfen Ihnen, in einer Welt gegensätzlicher Kulturen ein Künstler der Diplomatie zu werden.

In der ersten Klasse lehrte man Sie Lesen, Schreiben und den Umgang mit Zahlen. Für ein kleines Kind sind das erstaunliche Geheimnisse – bis sie es nicht mehr sind.

Nach einer Zeit des Kampfes und der Disziplin begannen Sie, die Codes zu knacken. Sie verwandelten sich in eine Art Magier, enthüllten das Unsichtbare und entdeckten das Unerwartete.

Eine Handvoll Buchstaben ergaben plötzlich einen Satz, einen Gedanken, eine Geschichte – ein Universum.

Und Zahlen! Die Symbole 0 bis 9 eröffneten verblüffende Spiele, mathematische Lösungen und völlig neue Welten. Anfangs konnten Sie nur mit den Fingern Ihrer beiden kleinen Hände zählen. So wie die Komplexität Ihres Gehirns zunahm, wuchs auch die Fähigkeit, mathematische Probleme zu lösen. Von zehn kleinen Fingern führten Ihre Berechnungen Sie direkt zum Unendlichen. Wie hätten Sie sich solche Dinge zu Beginn Ihres Lernprozesses vorstellen können?

In jenen frühen Jahren entwickelte sich auch Ihre Liebe zur Musik. Lediglich zwölf Töne, fanden Sie heraus, konnten eine unendliche Tonbibliothek schaffen. Und wieder haben wir es mit dem Wort *»unendlich«* zu tun.

Unendlich ... Grenzenlos ... Endlos ... Unaufhörlich ... Schließlich richten sich alle Symbole danach. Tatsache ist: Je größer unser Verständnis von uns selbst wird, desto wahrscheinlicher ist es, dass wir bis zur Schwelle des unendlichen Mysteriums gelangen.

In der Grundschule lernten Sie die Grundlagen der Naturwissenschaften, und durch Experimente erfuhren Sie einige der fundamentalen Geheimnisse des Lebens. Sie lernten die physische Welt kennen – von Mal zu Mal mehr. Sie fingen an zu begreifen, welchen Platz Sie darin einnahmen und wie Ihr Verhältnis zu allen lebenden Dingen war. Sie addierten, multiplizierten, lasen, sangen und experimentierten – ohne zu wissen, dass Sie all dies übten, um Meisterschaft darin zu erlangen. Dann waren Sie, wie jetzt, der Künstler oder die Künstlerin, und das Leben war Ihr kreativer Partner.

Danach besuchten Sie eine weiterführende Schule, wo Sie mit weiteren komplexen Mysterien vertraut wurden. Sie waren auch erschüttert über die Geheimnisse Ihres Körpers, die Phase der Pubertät. Physische Veränderungen gingen Hand in Hand mit emotionalen – und mit noch tieferen Mysterien. Und dieses Abenteuer ist noch nicht zu Ende. Ihr Körper verändert sich weiterhin auf dynamische Weise. Selbst im Alter passen Sie sich noch an die Veränderungen an, aber die Mysterien des Körpers sowie die des Universums werden Sie ein Leben lang verwirren und faszinieren.

Nach der weiterführenden Schule wechselten Sie vielleicht an eine Berufsschule oder an eine Hochschule, und schließlich traten Sie ins Berufsleben ein. Jede neue Schulart, jeder Beruf stellte eine unterschiedliche Kultur dar. Alles erforderte, dass Sie eine neue Sprache lernten und neue Codes knackten. Sie verlangten von Ihnen, dass Sie ein neues Bild von sich selbst entwarfen und sich größeren Veränderungen anpassten.

Können Sie sich heute noch an irgendetwas davon erinnern? Eine Veränderung zieht die nächste nach sich, sodass Sie vielleicht nie erkannt haben, wie sehr Sie sich innerhalb kurzer Zeit veränderten. Hier auf der Erde haben Sie gelernt, und hier sind Sie herangereift. Hier entwickelten Sie den freien Willen und fingen an, entsprechend Ihren eigenen Philosophien Entscheidungen zu treffen. Auf diesem Campus sammelten Sie Informationen und Erfahrungen, bis auch Sie zu einem Meister und Lehrer bzw. einer Meisterin und Lehrerin herangereift waren. Ungeachtet Ihres Alters befinden Sie sich weiterhin im Wandel.

Ihre Wissensbibliothek ist Ihre Alma Mater. Ihre Worte und Ihre Gedanken sind die Gesetze, nach denen Sie sich richten. Ihr Geist mit all seinen Sichtweisen und Meinungen, ob falsch oder richtig, dirigiert die Show. Der Geist kreiert eine Version (oder genauer gesagt, ein Zerrbild) des wirklichen Universums. Er beobachtet, was sich abspielt, und verleiht allem auf seine eigene künstlerische Art einen Sinn. Er bildet alles nach, was bereits vom Leben geschaffen wurde. Er ahmt nach, er erfindet neu. Daher bauen wir Menschen Tunnel, Türme und Brücken so, wie sie in der Natur vorhanden sind. Wir kopieren die Natur und vervollkommnen sie in mancher Hinsicht.

Im Lauf der Jahrhunderte haben wir gelernt, die elementaren Mysterien der Physik zu ergründen und Materie zu rekonstruieren. Und wir sind noch einen Schritt weiter gegangen: Wir haben die Elemente herausgefordert. Wir haben der Schwerkraft getrotzt. Wir gingen das Risiko ein, zu fliegen, ja uns sogar in den Weltraum vorzuwagen. Wir sind Abenteurer, Forscher und versierte Hexenmeister. Wir sind Künstler, und unsere wundersame Kunst wirkt sich auf jede Spezies auf der Erde aus.

Vielerlei Arten von Künstlern besuchen diese Universität. Einige fertigen Skulpturen aus Stein und Tonerde. Andere biegen Metalle, schnitzen Holz oder weben Stoffe. Einige Künstler schreiben und legen mit ihren Worten das Menschsein dar. Künstler formen Dinge dank ihrer Vorstellungskraft. Sie konstruieren, sie träumen und sie erfinden. Ungeachtet ihrer persönlichen Erfahrung haben Künstler eines gemeinsam: Sie handeln. Sie drücken Gefühle aus. Sie stellen dar. Sie praktizieren die Kunst der dramatischen Interpretation – womit wir bei unserem Thema der Woche angelangt sind.

Der Schauspieler, die Schauspielerin

Der Fokus dieses Unterrichts liegt auf einer bestimmten Kunstart, die die Menschheit seit Tausenden von Jahren begeistert: die Schauspielkunst. Im Lauf der Woche werden wir noch intensiver darauf eingehen; im Augenblick wollen wir nur einen kurzen Blick darauf werfen, in welcher Beziehung sie zu Ihnen und Ihrer Realität steht.

Wir alle sind Darsteller und Zuschauer im menschlichen Drama – inklusive Sie selbst. Sie haben viel Erfahrung als Schauspieler oder Schauspielerin, Sie haben jahrelanges Training hinter sich, ohne es je gemerkt zu haben. Sie sind ein Mime oder eine Mimin und ein Theater-Fan. Wir alle sind begeisterte Förderer der Künste, und wir alle besitzen eine bestimmte darstellerische Begabung, obwohl sie weder für uns noch für jemand anderen erkennbar sein mag.

Agieren bedeutet meistens, auf etwas zu reagieren. Wir reagieren immer auf etwas, und es gibt vielerlei Arten des Reagierens. So wie ein Schauspieler in einer Szene verschiedene Entscheidungen trifft, wählen Sie und ich unsere bevorzugten Reaktionen. Angenommen, ich stupse Sie mit dem Ellbogen etwas zu stark an. Sie können verärgert reagieren und vorgeben, verletzt zu sein, oder Sie lachen einfach darüber oder umarmen mich. Aber Sie können auch gar nichts tun – was ebenfalls eine Reaktion darstellt.

Reagieren ist eine künstlerische Entscheidung, nicht nur eine strategische. Sie haben sich ein Leben lang mit dieser Kunst beschäftigt. Inzwischen ziehen Sie gewisse Reaktionen anderen vor. Vielleicht haben Sie sogar das Gefühl, diese Reaktionen definieren Sie. Theaterspielen ist eine erlernte Fertigkeit. Sie haben sie sich angeeignet, noch bevor Sie sprechen konnten.

Bevor Sie die Wörter gelernt hatten, beherrschten Sie bereits die Haltungen. Bevor Sie überhaupt herausfanden, dass es so etwas wie das Filmemachen gibt, waren Sie bereits der Star Ihres eigenen Films, der seine Worte und Handlungen dramatisierte.

Als Kinder entwickelten die meisten von uns ein Verlangen nach Publikumsreaktion – etwas, das wir nie wirklich abgelegt haben. Nachdem wir unser Talent für das Drama entdeckt hatten, widmeten wir uns dem Handwerk, trainierten unseren Körper darauf, auf die geringste Beleidigung und den kleinsten Verdruss zu reagieren. Sogar beredtes Schweigen stellt eine dramatische Reaktion dar. Schmollen ist ebenfalls eine Form der Darstellung. Bei einigen Schauspielern ist es ein Markenzeichen. Und die Aneignung all diese Fertigkeiten beginnt früh im Leben.

Sie haben kurz nach der Geburt mit Ihrem Training begonnen, indem Sie die Schauspieler nachahmten, die vor Ihnen da waren. Sie taten dies, um zu überleben – und aus Spaß. Damals war Ihr Publikum darauf programmiert, alles zu mögen, was Sie taten. Sie lächelten, und das Publikum lachte. Sie machten ein »Bäuerchen«, und alle jubelten. Sie stammelten Silben ohne Zusammenhang, und alle klatschten. Es ist unermesslich, wie sehr sich die Menschen über Ihre ersten Geh- und Sprechversuche freuten. Sie haben bei allen Anklang gefunden. Innerhalb kürzester Zeit gingen Sie mit Ihrer Darbietung auf Tour, ergingen sich mit Ihren kleinen Freunden in Fantasien, schlüpften in Rollen und veränderten die Handlungen. Unwillkürlich übten Sie für die Rolle Ihres Lebens, die Rolle im längsten Stück, das je auf der Bühne gezeigt wurde.

Während Ihr Auftritt an Frische und Spontaneität verlor, nahm natürlich der Umfang Ihrer Fanbase ab. Unweigerlich erinnerten Sie jeden allmählich an jeden anderen. Nach einer gewissen

Weile wirkte das Lachen gezwungen, und der Jubel verstummte. Doch Sie spielten weiter, passten Ihr Schauspiel den Erfordernissen des Augenblicks und den Erwartungen der Menge an. Sie waren ein Mime, eine Mimin – und Sie sind es immer noch.

Wie Ihnen jeder Berufsschauspieler erklären wird, ist es wichtig, eine fesselnde Darstellung zu bieten, ungeachtet der Reaktion des Publikums. Verpflichten Sie sich, Ihr Bestes zu geben – ob das Publikum auf Ihrer Seite steht oder nicht. Ein Publikum kann unruhig und laut sein oder nur aus wenigen Menschen bestehen. Vielleicht lachen die Zuschauer nicht, wenn es angebracht wäre, oder sind nicht schockiert, wenn Sie es wollen. Es sollte keine Rolle spielen. Sie spielen nicht für das Publikum, sondern für sich.

In dieser Welt gibt es Hunderte, Tausende, ja, Millionen von *ihnen.* Auf der Welt wimmelt es von Kritikern. Sie alle sind Anhänger von etwas. Entweder sind sie begeistert vom Fußball, von der Astrologie, von Mode oder vom Essen. Und Fans haben ihren jeweils eigenen Geschmack und ihre persönlichen Vorlieben. Wie können Sie wissen, was ein Publikum will? Wie können Sie hoffen, allen zu gefallen?

Das Publikum auszuschalten, ist eine Herausforderung für die meisten Darsteller – schließlich wurden alle Künstler darin geschult, zu gefallen. Ihr Glück hängt immer von der positiven Reaktion von anderen ab. Was den meisten Berufsschauspielern Angst einflößt, ist dasselbe, was die Amateure mit Bangen erfüllt – also Sie, mich und den Rest der Menschheit: Sie haben Angst, be- und verurteilt zu werden.

Täglich gehen wir das Risiko ein, beurteilt zu werden. Jeden Morgen treten wir aus dem Haus und sind mit einer Welt voller Kritiker konfrontiert. Die ganze Welt ist eine Bühne – und

Sie sind nur einer bzw. eine von etlichen Milliarden Darstellern und Darstellerinnen. Zum Glück sind die meisten zu sehr mit der Bewertung ihrer eigenen Darstellung beschäftigt, um Ihre überhaupt wahrzunehmen.

Professionelle Schauspieler müssen dagegen ins Rampenlicht treten, um von denen begutachtet zu werden, die speziell gekommen sind, um sie genau unter die Lupe zu nehmen. Von Kopf bis Fuß werden sie vonseiten gesichtsloser, im Dunkeln sitzender Zuschauer gemustert, von Menschen, deren Erwartungen hoch sind und deren Urteil oft schonungslos ist. Schauspieler werden von unsichtbaren Kritikern scharf in die Mangel genommen und von namenlosen Anhängern vergöttert. Eine schlechte Presse kann sie emotional zerstören. Gelegentlich ist es Ihnen ähnlich ergangen, nicht wahr?

In der Vergangenheit haben die Urteile Ihres Publikums Sie gekränkt. Folglich können Sie bereits sehr gut nachempfinden, welchen Prüfungen ein Künstler ausgesetzt ist. Die Angst, be- und verurteilt zu werden, ist ein Handicap, das wir alle gleichermaßen teilen, ungeachtet unseres Talents. Deshalb fällt es uns schwer, eine Bühne zu betreten oder uns zum Arbeitsplatz zu begeben. Es ist beängstigend, zusammen mit anderen begabten Künstlern ins Rampenlicht zu treten, von denen jeder talentierter oder attraktiver sein kann als wir selbst.

Wenn das noch nicht genug ist, überlegen Sie mal, worüber sich Berufsschauspieler außerdem Gedanken machen müssen.

Um ein wirkungsvolles Schauspiel zu kreieren, müssen die Schauspieler Fantasie und ein gutes Gedächtnis besitzen. Und sie müssen an das, was sie tun, glauben, und zwar hundertprozentig. Eine gute Geschichte ist nur so gut wie unsere Fähigkeit, an sie zu glauben. Also glauben die Schauspieler. Wir alle glauben. Wir glauben, was wir sagen, und hoffen, dass unsere Zuschauer uns ebenfalls glauben. Wir legen echtes Gefühl in unsere Darbietung, sodass unser Körper nicht immer zwischen einer Show und einem echten Erlebnis unterscheiden kann.

Wir alle haben schon den Schmerz der Reue durchlitten und immer wieder den Horror eines Traumas erlebt. Alte Wunden dringen wieder nach oben, wenn wir sie heraufbeschwören. Die Erinnerung kann gegen uns arbeiten, was uns aber nicht davon abhält, die Vergangenheit häufig wieder ins Gedächtnis zu rufen, ungeachtet des Schmerzes, den dies verursacht. Das ist praktizierte Kunst.

Berufsschauspieler erinnern sich an intime und aufwühlende Erfahrungen aus ihrem eigenen Leben, um eine Szene glaubwürdig erscheinen zu lassen. Häufig lassen sie traumatische Augenblicke wieder aufleben, um sie in ihre Kunst einfließen zu lassen. Ihre Darstellung ist emotional so überzeugend, dass die Zuschauer mitgerissen werden und sich manchmal sogar unbehaglich fühlen. Bühnenschauspieler tun dies achtmal pro Woche, und das über Monate. Das hört sich nach sehr viel an. Andererseits tut dies der Rest der Menschheit unaufhörlich.

Für die meisten Menschen sind acht Aufführungen pro Woche (einschließlich der Matineen) ein Klacks. Vielleicht gilt das auch für Sie. Wiederholen Sie Ihre Lieblingsgeschichten zum Unbehagen Ihrer Umgebung nicht immer wieder? Liegen Sie nachts nicht ohne Publikum wach und lassen die schlimmsten Momente des Tages nochmals Revue passieren? Die meisten von uns malen sich künftige Misserfolge aus. Wie steht es mit Ihnen? Haben Sie Angst vor morgen? Malen Sie sich den ganzen Tag über ein Katastrophenszenario aus? Glauben Sie das, wovor Sie Angst haben? Je stärker der Glaube des Schauspielers ist, desto intensiver ist die Reaktion des Publikums – selbst wenn es nur aus Ihnen besteht, wenn Sie sich nachts in der Dunkelheit selbst zuhören.

Die Aufgabe aller Schauspieler und Schauspielerinnen ist schwierig genug: Sie müssen den Text auswendig lernen, ihn sich einprägen und ihn überzeugend darbieten. Darüber hinaus müssen sie sich auf technische Probleme und ein unberechenbares Publikum gefasst machen. Sie verpassen ihren Einsatz und stolpern über Möbel. Es ergeht ihnen wie uns allen: Oft versagen sie in dem, was sie unbedingt besonders gut machen wollen.

Vielleicht besteht die größte Herausforderung für einen Berufsschauspieler darin, in die Welt außerhalb der Bühne zurückzukehren. Nach der Vorstellung ist es wichtig für einen Schauspieler, wieder emotional ins Gleichgewicht zu kommen. Sobald im Theater die Lichter ausgehen, müssen die Darsteller in die Realität zurückkehren. Dies gilt für uns alle. Jeden Tag verlangen Schauspieler und Schauspielerinnen – Klempner, Politiker, Lehrer (und Sie) – ihrem Körper emotional alles ab. Sie behaupten, Sie könnten nichts dafür, dass Sie ein leidenschaftlicher Mensch sind – aber Leidenschaft und Drama sind zwei Paar Stiefel. Die Leidenschaft ist Wahrheit; das Drama ist Theater. Es ist ein guter Zeitpunkt in Ihrer Entwicklung, den Unterschied zu erkennen und Ihre Wahl zu treffen.

Es fällt schwer, sich von einer intensiv durchlebten dramatischen Szene zu lösen. Es braucht eine gewisse Zeit, um nach einem Kampf wieder innere Ruhe zu finden. Wenn sich das Gemüt erhitzt und unsere Abwehrmechanismen aktiviert sind, reagieren die meisten von uns automatisch. Die Gewohnheit gewinnt Oberhand, also gebrauchen wir Worte, die wir gewöhnlich verwenden, wenn wir ängstlich und ärgerlich sind. Wir rezitieren den gewohnten Text. Unsere Körpersprache ist bereits programmiert, und so treten wir Gegenstände mit Füßen, zerbrechen Dinge oder knallen die Tür zu. Wir ziehen eine vorhersehbare Show ab. Wir sind erfahrene Schauspieler, halten uns an alte Textbücher. »Ich weiß auch nicht, warum ich diesen Mist rede«, überlegen wir uns vielleicht später, aber bei der nächsten Aufführung wiederholt sich das Ganze, genauso die Entschuldigungen und Rechtfertigungen.

Sie sind durchaus in der Lage, mehr zu tun, als sich an alte Bühnenanweisungen zu halten. Sie können das Textbuch *um*schreiben. Sie können auch improvisieren. Ihre Worte und Ihre Entscheidungen werden von Ihrer Erfahrung geprägt, aber auch von Ihrer Fantasie, Ihrer Findigkeit. Jede Inszenierung verdient eine neue Interpretation; jeder Schauspieler sehnt sich nach einer neuen Herangehensweise. Sie – als der Künstler oder die Künstlerin – können dies bewerkstelligen. Sie können Ihre Talente erweitern und Ihre Leidenschaften erneuern. Mittels der Kunst können Sie der Wahrheit folgen.

Während Sie sich als Künstler entwickelt haben, erfuhren Sie eine Menge über sich selbst. Sie lernten Ihre Stärken und Schwächen kennen, Ihre Talente und Ängste. In der Zeit, als Sie sich vor der Dunkelheit fürchteten, lernten Sie, Ihre Abwehr zu stärken. Sie lernten es, Beurteilungen zu akzeptieren oder sich zu wehren. Sie lernten, Konflikten aus dem Weg zu gehen oder sich ihnen zu stellen. Unterwegs haben Sie jede Menge Geheimnisse gesammelt – wie es jeder tut. Die Geheimnisse, die Sie wahren – vor allem vor sich selbst –, werden vermutlich noch mehr Angst erzeugen. Hat die Angst ein gewisses Maß erreicht, sind Sie nicht mehr in der Lage, eine Bühne zu betreten.

Wenn Sie Angst haben, Ihre kleine Lampe hochzuhalten und die Wahrheit zu sehen, werden Sie sich selbst gegenüber ein Rätsel bleiben: das Geheimnis, das zu lüften Sie am wenigsten bereit sind. Kindheitsängste verschwinden, aber die Ängste des Erwachsenen währen ein Leben lang, wenn man sich ihnen nicht stellt. Was Sie bei sich selbst sehen können, können Sie auch bei jedem anderen sehen. Und *Sehen* ist das Wesen der Kunst. Selbst ein blinder Künstler hat noch ein Vorstellungsvermögen. Es ist unabdingbar, dass Künstler sich selbst in Augenschein nehmen; es ist unabdingbar, dass Sie dies tun. »Was werde ich dann finden?«, mögen Sie sich fragen. »Welchen Ungeheuern muss ich gegenübertreten? Wie kann ich mich eventuell gegen die Wahrheit wehren?«

Sich selbst durch und durch kennenzulernen, ist nicht der Albtraum, den Sie erwarten, ganz und gar nicht. Wenn Sie sich selbst kennenlernen, hauchen Sie einer Liebesgeschichte, die in der Kindheit begann, neues Leben ein. Wenden Sie den Blick ab, dann ist die Geschichte flugs beendet. Wenn Sie für sich selbst aufrichtige Liebe empfinden, gleicht es einer Heimkehr, einer Rückkehr ins Paradies. Und das Paradies ist ein großartiger Platz, um Ihre Kunst zu vervollkommnen.

Warum spielt irgendetwas davon eine Rolle?

Sie haben bereits so viele Gesichtspunkte der darstellenden Kunst gemeistert, dass Sie jetzt ganz bewusst Ihre Aufmerksamkeit der Beherrschung der Kunst widmen können, ein authentischer Mensch zu sein. Scheint nicht machbar zu sein? Nicht wirklich.

Sie sind schon vorher bei diesem Wendepunkt angelangt. Ihre ersten Gehversuche scheiterten; Sie stolperten und fielen hin, waren aber so wild entschlossen, Ihre Fähigkeit zu verbessern, dass nichts Sie entmutigen konnte. Schließlich lernten Sie zuversichtlich, das Gleichgewicht beim Gehen zu bewahren. Vielleicht lernten Sie ein paar sportliche Fertigkeiten. Sie taten sich auch in der Kunst der Rede und auf dem Gebiet des emotionalen Dramas hervor. Jede weitere Meisterschaft verbesserte Ihr Leben und erweiterte Ihr Bewusstsein.

Das Ausüben einer Kunst trägt zur Weiterentwicklung des Gehirns bei. Je agiler das Gehirn ist, desto leichter ist es, irgendetwas zu lernen. Kinder, die das Tanzen, Musizieren, Malen oder Schauspielern erlernen, haben einen theoretischen Vorteil. Sie besitzen auch die seltene Fähigkeit, das Denken auszuschalten und sich dem kreativen Impuls hinzugeben – ein Talent, das ihnen in jeder Lebenssituation von Nutzen ist.

Was bedeutet und bewirkt es, sich selbst als Schauspieler bzw. Schauspielerin zu kennen? Künstler und Künstlerinnen erkennen, dass jede und jeder von uns ein Universum darstellt, das in zahllose Universen eingebunden ist. Mit Künstleraugen können Sie Farben, Formen und die Schwingungen des Lebens wahrnehmen. Was Ihre Person angeht, können Sie ein Geheimnis nach dem anderen enthüllen, so wie Sie es mit den Mysterien des Monds, der Sterne, der Sonne und der Erde tun würden. Sie fangen an, Stück für Stück das Gesamtbild zu erkennen.

Künstleraugen halten Ausschau nach Schönheit. Diese Schönheit ist die Gnade, die Sie durch das Leben geleitet. Schönheit ist die Dankbarkeit, die Sie empfinden, wenn Sie wirklich inspiriert sind. Schönheit liegt in wohlgesetzten Worten, dem Geschenk eines Lächelns und dem Respekt, den ein Mensch dem anderen zollt. Jede Lebensform besitzt ihre eigene Art von Schönheit. Jeder physische Körper ist ein Kunstwerk.

Ihr Geist ist ein Glasbläser, der ein filigranes Gefäß für Ihren Körper formt. Es ist wichtig, dass Sie diese Welt transparent und angenehm für das Auge gestalten. Es ist wichtig, dass Sie sie zu einem Traum von Schönheit und Sinnhaftigkeit machen, aus dem andere Inspiration schöpfen können. Und lassen Sie uns nicht Ihre künstlerisch ausgefeilteste Gabe vergessen: die Genialität der Worte.

Es ist kein Leichtes, mit der einzigartigen Sprache, die Sie sprechen, vertraut zu werden. Sie besitzen Ihre eigene Art und Weise, Worte zu verwenden: entweder um zu inspirieren oder um zu verletzen. Sie wählen den Klang Ihrer Worte aus, die Stimmung, die sie vermitteln. Es ist nie zu spät, die Stimme in Ihrem Kopf zu erkennen, die immer drängt und immer voraussagt. Es ist Ihre Stimme. Niemand sonst kontrolliert sie.

Hören Sie aufmerksam auf Ihre sich wiederholenden Botschaften: Stellen sie dar, wer Sie sind oder wie Sie klingen wollen? Vielleicht gehörte die Stimme, die Sie hören, einst zu jemand anderem, jemandem, den Sie unbedingt nachahmen oder dem Sie gefallen wollten. Vielleicht gehörte sie zu der Figur, die Sie darzustellen pflegten. Vielleicht sind Sie jetzt zu alt oder zu weise, um Rollen von einst zu spielen. Sie können sie jederzeit aufgeben. Sie können die alten Kostüme wegpacken und das Echo vergangener Monologe in Ihrem Kopf ignorieren. Wenn Sie die Wahl treffen, können Sie einfach *sein*.

Wie beginne ich?

Wäre es sonderbar, in der Gesellschaft zu leben, ohne eine Rolle zu bekleiden? Es könnte sich anfühlen, als würde man unbewaffnet ein Schlachtfeld betreten. Auf den ersten Blick mag es seltsam erscheinen, nur zu beobachten und zu genießen, alte

Impulse und Reaktionen zu ignorieren und einfach zuzuhören. Zuhören stellt eine große Herausforderung dar, selbst für einen erfahrenen Schauspieler, aber es offenbart Antworten auf viele Rätsel. Sie können faszinierende Dinge über andere Schauspieler erfahren. Vielleicht lernen Sie, Ihre Spezies zu verstehen. Sie werden definitiv mehr über sich selbst erfahren.

Hören Sie zu. Beobachten Sie. Vertrauen Sie dem Leben mit all seinen Launen. Finden Sie Mittel und Wege, sich vollkommener auszudrücken. Bedienen Sie sich Ihrer eigenen Stimme, um die Musik des Lebens zu singen und seine Sprache zu sprechen. Gehen Sie Ihren eigenen Weg und respektieren Sie zugleich die Wege der anderen. Geben Sie Ihre Abwehrhaltung auf und lachen Sie über Ihre Ängste.

Statt als Echo aller anderen zu fungieren, können Sie Ihre Individualität und Spontaneität fördern. Akzeptieren Sie Situationen so, wie sie sind, und reagieren Sie ehrlich darauf. Möglicherweise tun Sie das bereits. Ist Ihnen das Unerwartete willkommen? Können Sie würdevoll mit Enttäuschung umgehen? Falls nicht, dann machen Sie dies zu Ihrer neuen Disziplin.

Erweitern Sie die Interpretation der Rollen, die Sie spielen. Sie haben eine Figur geschaffen, die Sie der Welt präsentieren, und es diesem Charakter in gewisser Weise erlaubt, subtile Nuancen und anpassungsfähige Merkmale zu entwickeln. In anderer Hinsicht haben Sie an Flexibilität verloren; gewisse Merkmale sind starr und kompromisslos geworden. Anstatt eine Vorliebe für Schönheit und ein Talent für die Liebe zu entwickeln, verhielten Sie sich manchmal reserviert und misstrauisch. Manchmal haben Sie sogar Ihre Lieben vernachlässigt. Und allzu oft haben Sie Ihren wertvollsten Verbündeten, Ihren Körper, ignoriert.

Der Körper ist ein eigenes Kunstwerk. Vielleicht finden Sie ihn zu groß, zu wuchtig oder zu träge; vielleicht wirkt er mager oder schwächlich. Aber er kann immer noch mit Sicherheit und Eleganz gelenkt werden. Wie betreten Sie einen Raum? Erwarten Sie Ablehnung oder fordern Sie Interesse? Beobachten Sie und seien Sie bereit, Veränderungen vorzunehmen. Ohne Ihren Körper hätten Sie keine Chance, am menschlichen Schauspiel teilzunehmen. Sie hätten keine Gelegenheit, Ihre Kunst auf irgendeine Art zu präsentieren.

Berufsschauspieler trainieren ihre Kunst gewöhnlich viele Jahre lang. Sie achten auf ihre Bewegungen. Sie lernen tanzen. Sie treiben Sport. Da die Stimme der Schauspieler für diesen Beruf so entscheidend ist, kümmern sie sich um sie. Es wird ihnen beigebracht, ihrer Stimme beim Sprechen Geltung zu verschaffen sowie richtig und effizient zu atmen. Sie nehmen Gesangsunterricht. Sie machen Tonübungen und trainieren Zungenbrecher. Sie achten darauf, dass ihre Werkzeuge einsatzbereit bleiben.

Wie für alle Schauspieler ist Ihr Körper Ihr wichtigstes Werkzeug. Er ist ein außergewöhnliches Kunstwerk, kann aber auch Kunst hervorbringen. Ohne den Körper gibt es weder einen Schauspieler noch eine Aufführung. Ihr Körper nimmt für Sie den Kontakt mit der Welt auf. Er spielt die Melodie, die Sie mit anderen teilen wollen. Er erzählt die Geschichten, die Sie erzählen wollen. Er bringt Gefühle hervor und beschwört Worte herauf. Er streitet, er verführt – und er erschafft. Ihr Körper bringt Leben und viele Nachbildungen des Lebens hervor. Er verwandelt banale Ideen in Gebilde von Schönheit und Macht.

Ihre Ausbildung zum Künstler bzw. zur Künstlerin beginnt also mit der Beachtung Ihres Körpers. Die grundlegendste Frage, die Sie sich stellen können, lautet: »Wie kann ich achtsamer mit ihm umgehen?« Vermutlich behandeln Sie Ihren Körper nicht wie das wertvolle Werkzeug, das er ist. Sie sehen ihn wahrscheinlich als selbstverständlich an. Vermutlich nehmen Sie sich nicht die Zeit, Ihrem Körper zu danken oder ihn gelegentlich mit einer zärtlichen Geste zu verwöhnen. Wahrscheinlich denken Sie nicht einmal an Ihr Gehirn, das überaus komplizierte Organ und Zentrum Ihres gesamten kreativen Schaffens.

Was können Sie tun? Sie können Alltagsmomente aufwerten, indem Sie Ihrem Körper Beachtung schenken. Lassen Sie ihm die Unterstützung zukommen, die er benötigt: Reden Sie mit ihm und berühren Sie ihn. Lassen Sie ihn wissen, wie sehr Sie ihn hochschätzen. Ehren Sie Ihr körperliches Sein, wie es ein Geiger mit seiner Stradivari tun würde. Ihr Körper ist Ihr intimster Partner. Wie bei jeder guten Partnerschaft ist jeder für das Wohlergehen des anderen verantwortlich.

Künstler spiegeln das Leben wider, und das Leben ist offenkundig in allem, was wir sehen und hören. Verpassen Sie nichts. Beurteilen und verurteilen Sie nichts. Seien Sie offen und akzeptieren Sie alles. Verändern Sie Ihre Sichtweise auf die Welt. Lassen Sie zu, dass Kleinigkeiten einen Eindruck hinterlassen. Nehmen Sie die liebenswürdigen Merkmale eines Fremden wahr. Betrachten Sie einen alten Freund mit einem frischen Blick. Nehmen Sie die Wunder der Natur in sich auf.

Lernen Sie, die Welt aus jedem Blickwinkel zu sehen. Bedienen Sie sich der Perspektive, des Geheimwerkzeugs jedes Künstlers. Seien Sie ihrer gegenwärtig, ebenso Ihres Körpers, Ihres Gehirns und Ihrer Stimme. Und achten Sie darauf, wie Sie Ihre *Worte* wählen.

Notizen zum 1. Tag

Tag 2:
Die Sprache

»Wenn ich ein Wort benutze«,
sagte Humpty-Dumpty
in eher höhnischem Tonfall,
»so bedeutet es genau das,
was ich an Bedeutung auswähle,
nicht mehr und nicht weniger.«

Lewis Carroll

Guten Morgen! Ich hoffe, Sie haben gut geschlafen und Ihre Träume waren förderlich für den Lernprozess. Sogar jetzt noch, im strahlenden Morgenlicht, träumen Sie. Sie geben sich Träumereien hin und deuten sie. Wenn der Klang meiner Worte Ihre Ohren erreicht, stellen Sie Vermutungen über deren Bedeutung an. Vielleicht sagen Sie: »Okay, hab ich verstanden«, und gehen zur nächsten Sache über. Stellen Sie sich stattdessen vor, inwieweit die Worte Bedeutung für Ihr Leben haben. Stellen Sie sich vor, dass Sie auf untypische Weise auf Situationen reagieren, weil Sie auf ungewohnte Weise von meinen Worten geträumt haben.

Indem Sie sich vorstellen, dass Sie nur eine Sache anders als sonst angehen oder nur eine Sache mit ganz neuem Blick betrachten, verändern Sie sich ein wenig. Sie entwickeln sich. Sie erweitern Ihre übliche Perspektive und erschaffen für sich eine leicht veränderte Realität, genau so, wie es große Künstler tun. Auch wenn Sie sich vielleicht nicht als Künstler oder Künstlerin sehen, ist es Ihr Ziel, etwas zu erschaffen. Sie sehen die Dinge auf Ihre Art und vermitteln diese einmalige Wahrnehmung durch Ihre Kunst.

Jeder ist zum Beispiel dazu berufen, eine Geschichte zu kreieren. Sie bringen Geschichten hervor, Sie haben es schon immer getan. In jungen Jahren lernten Sie, allem einen Namen zu geben. Man hatte Ihnen beigebracht, bei der Entwicklung Ihrer Geschichte all Ihre Erfahrungen einzubringen. Es wurde Ihnen erklärt, wer Sie sind und wer Ihre Vorfahren waren. Man bot Ihnen eine Geschichte und einen Traum von der Zukunft. Man erzählte Ihnen alle möglichen Geschichten, und bald wurden Sie Ihr eigener Geschichtenerzähler.

Im Lauf der Zeit entwickelte sich Ihre eigene Geschichte und erzeugte alle möglichen emotionalen Reaktionen: Freude, Verzweiflung und alles dazwischen. Es ist eine Geschichte über den künstlerisch tätigen Menschen, die vom künstlerisch tätigen Menschen erzählt wird. Sie sind der Mittelpunkt eines Universums, das Sie erschaffen. Ihre Geschichte unterscheidet sich von jeder anderen. Trotzdem haben Sie sicherlich bemerkt, dass alle Geschichten wichtige Elemente gemeinsam haben.

Alle Geschichten haben einen Protagonisten – eine Figur, durch deren Augen die Leser die Welt sehen. Eine solche Figur haben Sie für sich selbst geschaffen und teilen ihre Ansicht mit jedem, der zuhört. Alle Geschichten haben Helden und Bösewichte. Ihre sicherlich auch. Alle Geschichten appellieren an die Gefühle der Menschen. Vermutlich haben Sie bemerkt, dass Ihre Geschichten noch bessere Resonanz erfahren, wenn Sie die Sache dramatisieren und ein wenig übertreiben.

Natürlich spielt nichts davon eine Rolle, sofern Sie und Ihre Zuhörer nicht dieselbe Sprache sprechen. Welchen Wert hat eine Geschichte, mag sie auch noch so dramatisch sein, wenn der Zuhörer die Worte nicht als sinnvoll erkennen kann? Die Studierenden auf dem Weltcampus sprechen viele verschiedene Sprachen. Sie sprechen und verstehen die Sprache, die ihnen ihre Eltern in früher Kindheit beigebracht haben, und erlernen auch die Sprache der Kunstrichtung, für die sie sich entschieden haben. Viele Menschen entscheiden sich, die Sprache anderer Künstler und anderer Kulturen zu lernen. Ob sie sich nun als Lehrer sehen oder nicht: Letztlich unterweist jeder Künstler andere Menschen. Ob sie sich als Künstler betrachten oder nicht – sie sind seit ihrer Geburt dabei, ein Meisterwerk zu schaffen.

Ohne Sprache hätten wir, Sie und ich, Probleme, effizient miteinander zu kommunizieren. Natürlich könnten wir Umrisse in den Erdboden hineinkratzen oder auf Wände malen. Wir könnten uns auch durch Gesten und Fingerzeige verständigen. Zwangsläufig müssten wir ein Lautsystem ausarbeiten, und diese Laute würden mit der Zeit ausgefeilter werden. In dem Maße, in dem sich unsere Sprachfertigkeiten vervollkommneten, würden wir nach Möglichkeiten suchen, abstraktere Ideen zu erkunden. Wir würden versuchen, Gefühle zu vermitteln und Dinge zu erklären, die unsichtbar sind.

Auf diese Weise nahm die Sprache ihren Anfang für unsere Spezies. Wir nahmen einen Laut auf, dann einen weiteren und noch einen, entsprechend gegenseitigen Übereinkünften. Eine Sprache beruht auf Übereinkünften. Sie und ich, wir beschließen, dass dieser Laut eine bestimmte Bedeutung hat, usw. Auf diese Weise funktioniert die Sprache, sogar jetzt. Wenn Sie der Meinung sind, dass ein Wort etwas Bestimmtes bedeutet und ich es anders interpretiere, scheitert unsere Kommunikation. Unstimmigkeiten führen zu Missverständnissen, und selbst das geringste Missverständnis kann das Ende jeglicher Kommunikation herbeiführen.

Wenn wir uns über die Bedeutung von Wörtern einig sind, wenn wir es genießen, einander zuzuhören und unsere Ideen auszutauschen, verbessert sich unsere Kommunikation. Wir entfalten unsere künstlerische Geschicklichkeit. Die Sprache ist eine erstaunliche, lebendige Kunstform. Vielleicht sind wir Menschen nicht die einzige Gattung, die diese Kunst ausübt, aber wir sind meisterhaft darin. Es wäre unmöglich, die zahlreichen Sprachen aufzulisten, die seit Beginn der Menschheitsgeschichte entstanden sind, als Männer und Frauen Figuren auf den Erdboden zeichneten und Tiere auf Höhlenwände malten.

Wie haben Sie und ich die Sprache unseres Volkes gelernt? Wir kamen als hilflose Kinder auf die Welt, ohne jegliche Sprachkenntnisse; wir konnten nur wortlos schreien und mit den Beinen strampeln. Während sich unser Gehirn entwickelte, lernten wir, Laute zu unterscheiden. Langsam und kontinuierlich begannen wir, Laute zu deuten und sie schließlich nachzuahmen. Dies erfolgte über einen längeren Zeitraum, aber mühelos und organisch. Wir waren dazu bestimmt, Wortkünstler zu sein.

Sie wissen, welche Rolle das Nachahmen in der kindlichen Entwicklung spielt. Als Kleinkind vernahmen Sie die Laute, die Ihre Eltern und Ihre Geschwister erzeugten, und Sie versuchten, diese Laute nachzuahmen, Silbe um Silbe. Sie beobachteten auch Handlungen und Eigenheiten. Mit viel Übung und Wiederholung wurde das Kind schließlich ein Meister darin.

Das Erste, was Ihnen in Ihrer Kindheit aufgefallen sein muss, ist, dass Menschen nahezu unaufhörlich reden. Sie reden über sich und verbreiten Klatsch und Tratsch über andere. Klatsch ist nämlich die gemeinsame Sprache der Menschen. Erwachsene verbreiten Klatsch, und Kinder hören zu. Sie begreifen schnell. Schon bald tratschen sie mit ihren Freunden und verspotten Kinder, die nicht so sind wie sie. Auch dieser Vorgang ist einfach und organisch. Indem Kinder beobachten, wie ihre Eltern mit anderen interagieren, lernen auch sie eine subtile emotionale Sprache.

Menschen neigen dazu, emotional (ja sogar dramatisch) auf das Gehörte und Gesehene zu reagieren. Missbilligende Worte triggern Gefühle der Kränkung, und die Menschen zeigen ihr Verletztsein. Lobende Worte bereiten ihnen Vergnügen, und sie zeigen es. Sie leben auch ihre Enttäuschung, Empörung und Entrüstung aus. Sie sind gut darin, denn sie haben es ihr Leben lang praktiziert. Menschen schneiden Grimassen. Sie brüllen und schreien. Sie streiten sich und vertragen sich dann wieder, weil ihnen die Sache leidtut. Das sind Merkmale ihrer Kunst. Kinder lernen diese Fertigkeiten von Experten.

Freude hat ihre eigene Ausdrucksform, genauso Angst und Herzeleid. Der menschliche Körper beherrscht eine Vielzahl von Sprachen, die sich Kinder bereits im zarten Alter aneignen. Sie nehmen wahr und ahmen nach. Sie beobachten, lernen und bringen ihren einzigartigen Stil ein. Technik, Genialität und persönlicher Stil – das sind die Qualitäten eines großen Künstlers. Und Sie sind definitiv einer. Sie und ich, wir zeigen eine unterschiedliche Art von Genialität, aber wir beide sind Meister darin, die Person zu sein, *die wir laut unseren eigenen Worten sind.*

Was immer Sie von Beruf sein mögen – Sie klingen vermutlich wie Ihre Kollegen. Würden Sie den Beruf wechseln, würden Sie vielleicht etwas anders klingen, denn jeder Beruf hat seine eigene Sprache. Mediziner pflegen eine andere Sprache als Landwirte, die sich auf Milchkühe spezialisiert haben. Anwälte sprechen anders als Baristas. Jedes Gewerbe besitzt seine eigene Kultur. Auch ein Ortswechsel bedingt eine andere Konversation. Wenn Sie in Ihrem Heimatland öfter den Wohnort wechseln, lernen Sie unbekannte Dialekte kennen. Und jenseits der Landesgrenzen treffen Sie auf fremde Sprachen und Kulturen. Diese Veränderungen genügen, um Ihre Realität zu verändern.

Stellen Sie sich die Menschheit als einen großen Kräutergarten mit einer Fülle von Pflanzen vor, die ein breites Spektrum an Nutzen bieten. Es gibt Kräuter, die trösten, heilen oder beleben, aber alle Pflanzen funktionieren auf ähnliche Weise. Sie benötigen dieselben Grundelemente, um zu existieren. Genau wie wir. Doch während Menschen auf die gleiche Weise funktionieren wie die meisten Lebewesen, sind sie auch fähig zu sprechen. Um zu kommunizieren, verwenden sie Symbole – gedruckte Worte, Laute und Gesten. Sprache ist nicht nur ein wichtiger Teil des menschlichen Überlebens, sondern auch eine erstaunliche Kunst.

Den Code knacken

Menschen bedienen sich Codes oder bestimmter Symbolreihen, um zu kommunizieren. Ein Alphabet stellt einen derartigen Code dar. Unzählige Worte können aus nur wenigen Symbolen geschaffen werden; das ist das Wunder der Sprache. Eine Idee oder ein Gefühl in ein paar gesprochene Silben zu übertragen, ist eine rätselhafte Kunst. Wie das Gehirn das bewerkstelligt, ist ein Thema für eine weitere Mysterienschule, aber lassen Sie uns im Augenblick über die Codes sprechen, die wir vor langer Zeit entschlüsselt haben.

Alle Variationen unseres lateinischen Alphabets bestehen aus maximal 26 Buchstaben, angefangen mit A, B und C. Vermischt man sie, erhält man eine lebendige Sprache, subtil und anwendbar, die nachweislich die Jahrhunderte überdauert. In jeder Kultur gilt das gleiche Schema: Werden eine Handvoll Symbole neu angeordnet, ergeben sie unzählige Sätze; dadurch wird die menschliche Kommunikation so machtvoll, eindringlich und komplex, wie sie es ist.

Und dann gibt es die Sprache der Zahlen. Rechnet man die Null mit, besteht dieser Code aus lediglich zehn Symbolen – und obwohl es so wenige sind, kann man damit unbegrenzt rechnen und quantifizieren. Mathematische Formeln bieten Lösungen für die größten Rätsel des Lebens. Die Mathematik ermöglichte es den Menschen, Städte und Imperien zu errichten. Sie hat dazu beigetragen, Krankheiten zu heilen und uns in den Weltraum zu befördern. Die Eins und die Null haben das Computerzeitalter definiert und die Kommunikation für immer verändert. Zahlen bieten mehr Möglichkeiten, eine Geschichte zu erzählen und die verwirrendsten Mysterien des Lebens aufzudecken.

Die Musik ist ebenfalls eine Sprache für sich. Zwölf Noten oder Töne können auf grenzenlose Weise arrangiert werden, um unzählige musikalische Phrasen hervorzubringen. Wir können eine Melodie erfassen, sie aufnehmen und sie so oft zu unserem Vergnügen spielen, wie wir wollen. Ja, Musik erfreut die Sinne. Die Musik erfüllt alles; die Rhythmen pulsieren durch die Materie hindurch. Seit Anbeginn der Menschheit hat Musik die Macht, Gefühle hervorzurufen und Gesellschaften zu erschüttern. Sie hat unsere derzeitigen Werte bestimmt und unsere Geschichte dokumentiert.

Ich habe drei grundlegende Codes erwähnt: Wörter, Musik und Zahlen: A-B-C, do-re-mi und 1-2-3. Alle drei arbeiten in einer Mischung aus Mathematik und Gefühlen zusammen. Ohne Mathematik – das Zählen der Taktschläge pro Phrase – gibt es keine Melodie. Ohne Worte kann eine Melodie keine gute Geschichte erzählen. In jedem Gedicht wird die Leidenschaft einer Person besungen, und jede Unterhaltung trifft einen bestimmten Ton. Und all das ergibt die Performance Art, die Vortragskunst.

Wir stellen mit Geschick und Bewusstsein dar – oder nicht. Wir setzen Worte zur passenden Musik, aber wir können auch unmusikalisch erscheinen. Wir verhalten uns wie Amateure, und dann wieder performen wir mit künstlerischer Präzision. Die Kunst ist subjektiv, persönlich und immer im Wandel.

Wir kreieren Schönheit aus Worten. Mit Worten erschaffen wir Bücher, Schauspiele, Filme und dauerhafte Bindungen. Worte können uns inspirieren, Schönheit zu würdigen, auch wenn wir nie zuvor dazu ermutigt wurden. Worte erregen. Worte trösten. Wie jeder künstlerische Ausdruck können Worte auch Spaltungen bewirken. Sie können Angst und Feindseligkeit hervorrufen.

Wir haben anscheinend eine seltsame Beziehung zu Symbolen. Wir nutzen sie zu unserem Vorteil und zu unserem Nachteil ... Aber wir sind nicht sehr geschickt darin, den Unterschied zu erkennen sowie unsere eigenen emotionalen Codes zu knacken.

Denken Sie nur an die Rolle, die Sie spielen. Wie verwendet Ihre Figur Worte, um mit anderen Figuren zu kommunizieren? Wie kommuniziert Ihr Protagonist mit sich selbst? Fördern Ihre Worte eine negative Sichtweise? Kritisieren sie, bedauern oder verspotten sie sogar den Sprecher bzw. die Sprecherin?

Vielleicht glauben Sie, positiv und tolerant zu klingen. Aber lauschen Sie Ihren Gedanken – vielleicht klingen sie nicht freundlich. Sie glauben, ein heiterer Mensch zu sein, aber Ihr Stirnrunzeln verrät etwas anderes. Sie könnten schwören, ein liebevoller Mensch zu sein, doch Ihre Körpersprache sagt etwas anderes: Sie wenden sich von Menschen ab; Sie vermeiden den direkten Kontakt und herzliche Gesten. Ich klage Sie nicht an; dies sind lediglich Beispiele dafür, wie wir uns alle selbst beschwindeln. Unser Selbstbild steht häufig im Widerspruch zu unseren eigenen Worten und Handlungen.

Der Körper spricht seine eigene Sprache. Er verrät Geheimnisse, die der Geist nur ungern enthüllen möchte. Unsere Stimmungen und Gesten senden unwillkürlich Botschaften und sind oft beredter als Worte. Ihr Gesicht »spricht«, egal, ob Sie einen Laut von sich geben oder nicht. Wenn Sie etwas missbilligen, kneifen Sie die Lippen zusammen. Sie heben die Augenbrauen. Sie verschränken die Arme vor der Brust als Reaktion auf eine unausgesprochene Drohung. Sie ballen die Fäuste. Sie heben die Schultern und lassen sie als wortloses Urteil fallen. Sie wippen voller Ungeduld mit den Füßen oder Knien. Sie neigen den Kopf, drehen ihn oder wenden ihn ab, um einer möglichen Kontroverse aus dem Weg zu gehen. Wer braucht schon eine Stimme, wenn doch der Rest von Ihnen Ihre Emotionen transparent macht?

Die meisten Menschen behalten ihre Gedanken für sich, doch das heißt nicht, dass ihre Gefühle nicht leicht zu durchschauen sind und sich übertragen. In einem Schauspiel liefert uns ein Schauspieler eine Interpretation der Motive einer Figur. Jedes Publikum kann diese Sprache verstehen. In einem Buch werden die Gedanken und Gefühle einer Figur detailliert mit Worten beschrieben – und der Leser versteht sie. Betrachten Sie die Kunst in Ihrem Umfeld. Jeder führt ein stilles Zwiegespräch mit sich selbst – eine Darstellung ohne Worte. Ihre Gesichter geben Hinweise. Ihre mentale Erzählung ist Ihnen unbekannt, trotzdem verstehen Sie die Botschaft.

Emotionen spielen sich unter der Oberfläche ab – sie sind chemisch, subtil, aber leichter zu deuten als Worte. Und sie haben eine magnetische Anziehungskraft. Von Natur aus werden wir vom emotionalen Drama eines Menschen angezogen. Und wir haben kein Problem damit, andere in unser eigenes Drama einzubeziehen. Jeder liebt eine gute Geschichte, und Menschen, die Geschichten lebendig wiedergeben, sind charismatisch. Sie können Menschenmengen berühren. Zuschauer wollen etwas fühlen, und sie wollen, dass ihre Gefühle gespiegelt werden. Sie wollen, dass sich jemand genauso schlecht fühlt wie sie, oder vielleicht sogar noch schlechter. Sie wollen eine Dosis Drama und eine Kostprobe der emotionalen Nahrung, die sie in ihrer Kindheit genossen haben.

Sehen Sie es? Können Sie wahrnehmen, was Sie tun – was zu tun uns allen beigebracht wurde? Was Sie sehen, können Sie verändern. Und persönliche Transformation beginnt mit den kleinsten Veränderungen. Sie haben Zeit, Ihre Kunst zu verbessern, während Sie sich auf diesem Campus befinden, also nutzen Sie jede Gelegenheit. Schauen Sie genauer hin. Hören Sie aufmerksamer zu. Es sind immer noch so viele Rätsel zu lösen.

Natürlich haben Sie bereits eine Menge über sich erfahren. Sicherlich haben Sie inzwischen Ihr eigenes künstlerisches Talent erkannt. Wie Sie denken, wie Sie sprechen, wie Sie Worte verwenden – und ja, wie Sie Ihren Körper bewegen –, all das unterliegt Ihrer Kontrolle. Richtig? Niemand erteilt Ihnen Anweisungen. Niemand souffliert Ihnen Textstellen von der Seitenbühne. Niemand fordert Sie auf, zu grinsen, die Schultern zu zucken oder die Augen zu verdrehen. Sie entscheiden dies jetzt selbst – oder?

Ihr Verhalten ist so automatisch, dass Sie vielleicht den Großteil dessen, was Sie sagen und tun, nicht wahrnehmen. Womöglich sind Sie nicht einmal neugierig darauf. Sie haben Ihre Reaktionen auswendig gelernt, so wie Sie sich einst beliebte Lieder und das Einmaleins einprägten. Mag sein, dass Sie jetzt von diesen

Reaktionen beherrscht werden. Mag sein, dass die Sprache Sie betrogen hat. Vielleicht sprudeln Ihnen die Worte ohne Vorwarnung aus dem Mund und verursachen alle möglichen Probleme. Wenn ja, was ist dann geschehen? Wurde der Künstler oder die Künstlerin faul? Hat der Musiker bzw. die Musikerin aufgegeben?

Wann haben Sie das letzte Mal sich selbst zugehört und das Gesagte infrage gestellt? Wie häufig geben Sie eine neue Bemerkung von sich ... oder sagen lieber nichts, statt etwas Vorhersehbares von sich zu geben? Trauen Sie sich, sich selbst zu korrigieren oder zuzugeben, dass Sie keine Ahnung haben, wovon Sie reden? Haben Sie je versucht, einen führerlosen Gedankenzug aufzuhalten? Oder noch besser, haben Sie je zu verhindern versucht, dass dieser Zug überhaupt den Bahnhof verlässt?

Fremde Meinungen sollten nicht Ihr Denken kontrollieren. Geben Sie acht und Sie können Ihre Reaktionsweise ändern. Sie können ein paar überholte Vorstellungen aussondern und die Monologe, die sich in Ihrem Kopf abspielen, im Zaum halten. Sie können angenehme und unangenehme Erfahrungen machen, aber trotzdem emotional stabil bleiben.

Wenn Sie über den Campus gehen, können Sie Ihrem Verstand ein paar neue Tricks beibringen. Der Verstand sollte flexibel sein; er kann starre Gewohnheiten ablegen und sich gegenüber neuen Ideen öffnen. Ermutigen Sie ihn, über sich selbst zu lachen. Gestatten Sie ihm, Schönheit zu schätzen und Achtung vor allem zu haben. Lassen Sie nicht zu, dass Ihre Ängste an Boden bzw. an Momentum gewinnen.

Hier geht es nicht darum, ein versierterer Schauspieler, sondern ein besserer Mensch zu werden. Es geht darum, den mentalen Nebel zu vertreiben und sich mehr Chancen einzuräumen, klar zu sehen. Und das, was Sie sehen, können Sie ändern.

Zu viele Auditions

Um ein Engagement zu ergattern, müssen Sie für eine spezielle Rolle vorsprechen. Man drückt Ihnen ein Rollenheft in die Hand und fordert Sie auf, in einem unbehaglichen Setting eine Szene aufzuführen. Vielleicht hat es den Anschein, als hätten Sie Ihr Leben lang nichts anderes getan, als auf diese Weise vorzusprechen. Und es fühlt sich möglicherweise an, als hätten Sie unzählige Stunden damit verbracht, sich auf Ihre nächste Rolle vorzubereiten.

Seit Ihrer frühesten Kindheit wechseln Sie von einem sozialen Umfeld zum nächsten. Erinnern Sie sich? Jede Situation glich einer Art Test, einer Möglichkeit, Ihre Talente zu zeigen. Jede neue Lebenslage verlangte von Ihnen, jemandem zu gefallen oder persönliche Konflikte zu lösen. Jede neue Gesellschaft war eine eigene Mysterienschule.

Wenn Sie einen Schulabschluss gemacht und sich in der nächsten Schule angemeldet hatten, galten unterschiedliche Regeln. Bei jedem Wechsel wurde von Ihnen erwartet, dass Sie mit unbekannten Menschen zurechtkamen und ihre Sprache lernten. Eine gute Kommunikation mag herausfordernder geworden sein, aber der Lohn erwies sich als größer.

Im Prinzip spiegelt die Kommunikation ein Bedürfnis nach Wahrheit wider. Sie hoffen wie wir alle, dass Sie verstanden werden und dass es Ihnen gelingt, Beziehungen mit Menschen zu knüpfen. Sie wollen, dass Ihre Worte vertrauenswürdige Boten Ihrer Absicht sind, doch häufig versagen sie. Worte sind Symbole; sie können nicht mehr tun, als zu beschreiben, was existiert. Sie deuten an. Sie implizieren. Worte geben vor, etwas Reales zu sein, doch wie Sie wissen, sind sie oft besser geeignet, die Wahrheit zu verhüllen, als sie zu enthüllen.

Sie kennen Menschen, die sich hinter einer Mauer aus Worten verbergen. Auch Sie selbst wissen, wie man sich der Sprache bedienen kann, um zu täuschen und zu enttäuschen. Sie rezitieren Texte. Sie leugnen und übertreiben. Oft scheint das Lügen die beste Methode im Umgang mit Menschen zu sein. Vielleicht haben Lügen Sie in der Vergangenheit vor Mobbern geschützt. Sie haben Sie vor der bitteren Wahrheit geschützt und Ihnen ein Alibi geboten, wenn Sie Angst hatten. Aber wie sieht es mit der Zukunft aus? Wie lange können Ihnen Lügen wirklich noch von Nutzen sein?

Sie sollten nicht Ihr Leben lang vorsprechen müssen. Es besteht keine Notwendigkeit, die Urteile Ihrer Altersgenossen zu fürchten. Die Freunde, denen Sie begegnen, wenn Sie über den Campus schlendern, sind mit ihren eigenen Ängsten beschäftigt. Sie sind genau wie Sie darum bemüht, sich anzupassen. Genau wie Sie halten sie Ausschau nach mutigen und authentischen Menschen, mit denen sie sich zusammentun können, sodass es keine Überraschung sein sollte, dass einige von ihnen Sie ausgewählt haben. Seien Sie sich jedoch des Energieaufwands bewusst, wenn Sie versuchen, sie zu sein.

Wir alle können andere Menschen inspirieren. Wir sind Erneuerer. Wir sind Künstler. Wir sind Geschichtenerzähler und Traumweber. Wir lösen gerne alberne Rätsel und erforschen tiefgründige Mysterien.

Woher auch immer wir stammen, wir gehen unserem Alltagsgeschäft auf die gleiche Weise nach. Eine Frau, die auf einem afrikanischen Markt Kirundi spricht, sagt das Gleiche wie Frauen auf den Märkten rund um den Globus. Sie feilscht am frühen Morgen um frische Produkte und tratscht über die Nachbarsfamilie. Sie schimpft mit ihren Kindern, wenn sie sich schlecht benehmen, und tröstet sie, wenn sie krank sind. Bei Einbruch der Nacht flüstert sie ihrem Mann Worte der Begierde zu. Sie beherrscht das Vokabular der Liebe und weiß, wie sie ihre Bedürfnisse in Worte kleiden kann.

Wir alle haben Gemeinsamkeiten, aber wir kommen als Individuen auf die Welt. Wir gehen jede Herausforderung unterschiedlich an, auf unsere eigene Weise. Wir bewegen uns auf unserer kleinen Bühne mit einem einzigartigen Schritt. Unsere Stimme unterscheidet uns von anderen Künstlern. Die Welt bejubelt jene, die den Mut haben, einzigartig zu sein.

Ihr Geschenk an die Menschheit besteht darin, authentisch und ungekünstelt zu bleiben. Ihr wertvollster Beitrag ist Ihre Authentizität. Und Ihr vornehmstes Streben gilt der Wahrheit, wenn Sie durch einen Markt oder über einen Campus schlendern oder eine Bühne betreten.

Warum spielt irgendetwas davon eine Rolle?

Wieder werden Sie sich erstaunt fragen: »Was für einen Unterschied macht all das für mich?« Nun, als Kunststudent bzw. -studentin wollen Sie natürlich aufregende Entscheidungen treffen. Sie wollen, dass all Ihre kreativen Bemühungen ein gewisses Maß an Wahrheit enthüllen. Die erforderlichen Werkzeuge stehen Ihnen direkt zur Verfügung: Ihr Körper, Ihre Worte und Ihre Stimme. Die Qualität Ihrer Kunst hängt davon ab, wie Sie diese Werkzeuge einsetzen. Ihr Glück wird durch die Art bestimmt, wie Ihre Kunst Ihre Vision widerspiegelt.

Wir haben uns heute auf die Kunst des gesprochenen Wortes konzentriert. Wie wählen Sie Ihre Worte? Sprechen Sie aus, was Sie meinen, und meinen Sie, was Sie sagen? Worte sind die Werkzeuge Ihres Gewerbes. Gehorchen sie Ihren Absichten? Wenn nicht, dann überlegen Sie, wie sie Ihnen besser dienen können. Sie sprechen die Worte aus und wählen den Tonfall. Schenken Sie diesem Vorgang Aufmerksamkeit? Haben Sie Ihre Gedanken unter Kontrolle oder verselbstständigen sie sich? Sie können Ihr Verhältnis zu den Wörtern verbessern, indem Sie sie bewusst und kreativ auswählen.

Ein Schauspieler interpretiert Symbole und erweckt Worte zum Leben. Wir alle tun es. Wir deuten Symbole. Wir äußern Worte auf eine Weise, die vermuten lässt, wie wir fühlen. Worte sind einfach Worte – sie sind tote Gebilde, die durch die Vorstellungskraft lebendig werden. Werden sie mit einer Intention ausgesprochen, können sie Herzen bewegen und Meinungen ändern. Ihre Worte – ausgesprochen oder unausgesprochen – besitzen die Kraft, Sie zu verändern. So wie die Worte Sie auf eine Rolle festgelegt haben, können Sie bewirken, dass Sie sich öffnen und Ihr Selbstbild erweitern.

Allzu häufig überbrücken Worte das Schweigen. Sie brauchen keine sinnlosen Sätze zu wiederholen oder dieselben Dinge auf dieselbe Weise zu wiederholen, als hätten Sie Ihren Text auswendig gelernt. Sie können ein besserer Kommunikator sein, wenn Sie zuhören und sich vergewissern, dass Ihre Worte Ihrem derzeitigen Ist-Zustand entsprechen. Vielleicht haben Sie sich für einen bestimmten Schauspielstil entschieden, aber es gibt weitere Methoden, deren Erforschung sich lohnt. Sie können sogar Ihre gewohnten Methoden vergessen und die Authentizität neu entdecken.

Sie können so sprechen, als wären Ihre Worte heilig, vergleichbar mit den Worten der größten Botschafter der Welt. In Ihrer Geschichte sind Sie wirklich der Botschafter, aber gleichzeitig auch die Botschaft. Sie schaffen für andere Menschen eine Umgebung, in der sie sich niederlassen können.

Die Art und Weise, wie Sie kommunizieren, kann ein Leben zum Besseren wenden oder aufflammende Leidenschaften im Keim ersticken. Sie kann Möglichkeiten erweitern oder sie begrenzen. All dies ist allein Ihre Entscheidung.

Der Campus dieser Schule ist weitläufig und bietet eine Fülle aufregender Möglichkeiten. Nehmen Sie alles in sich auf. Weichen Sie von den Hauptwegen ab und unterscheiden Sie sich von anderen Künstlern. Die Weisheit, die auf Erfahrung basiert, wird Ihnen mehr Selbstbewusstsein verleihen, und Sie werden geneigter sein, Chancen zu ergreifen und für sich selbst zu sprechen. Wenn Sie als Erwachsener immer noch mit Hemmungen aus der Kindheit zu kämpfen haben, dann haben Sie mit Ihrer eigenen Entwicklung nicht Schritt gehalten.

Ich möchte Sie dazu ermutigen, sich originelle Hausaufgaben für diesen Unterricht einfallen zu lassen. Sie kennen sich selbst am besten. Sie kennen Ihre am meisten vorhersehbaren Reaktionen. Sie kennen Ihre eigenen Lieblingswörter und -sätze. Sie kennen Ihre berührendsten Geschichten. Sie kennen auch Ihre wunden Punkte, Trigger und Abwehrmechanismen. Sie wissen, wie Sie einer Beurteilung aus dem Weg gehen können, indem Sie sich zuerst selbst beurteilen. Sie kennen Ihren eigenen Charakter am besten. Also analysieren Sie sich selbst. Haben Sie Spaß, experimentieren Sie ein bisschen und fordern Sie sich selbst heraus.

Überprüfen Sie von Zeit zu Zeit Ihren inneren Monolog. Wie hört er sich von einem Tag zum anderen an? Welche Gefühle ruft er hervor? Vielleicht schaffen Sie es einen ganzen Tag, eine Woche oder einen Monat lang, die Stimme in Ihrem Kopf zu ignorieren. Wenn man ihr keine Aufmerksamkeit widmet, wird sie verstummen. Es ist für jeden Künstler wichtig, sich in der Stille wohlzufühlen und das Leben willkommen zu heißen.

Was kann ich sonst noch tun?

Wir können alle davon profitieren, uns über unsere Künstlerkollegen schlau zu machen. Wir können lernen, andere Menschen zu beobachten, ohne einen Kommentar oder ein Urteil abzugeben. Wir können ihre Reaktionen auf alltägliche Ereignisse beobachten und feststellen, dass wir auf ähnliche Art und Weise reagieren. Wir können ihren Rhythmus spüren, ihre Sprache vernehmen. Wir können die Botschaft erahnen, die sich hinter ihren Worten verbirgt.

Sobald Sie ein Talent dafür entwickelt haben, anderen zuzuhören, können Sie sich selber besser hören. Sie können sich selbst fragen: »Wie ist mein Stil und wie hört sich meine Stimme an?« Sie können noch einen Schritt weiter gehen und überlegen: »Was ist meine Botschaft?«, und: »Welche Art von Künstler oder Künstlerin bin ich eigentlich?« Fragen wie diese inspirieren zu neuen Entdeckungen.

Ein bereicherndes Verhältnis zum Leben beginnt mit Selbstvertrauen. Voraussetzung dafür ist, dass Sie Ihre Werkzeuge hoch schätzen – Ihren Körper und Ihr Gehirn – und ihnen erlauben, ein authentisches Lied zu spielen. Kümmern Sie sich nicht um die Techniken, die Ihnen vor langer Zeit beigebracht wurden. Machen Sie sich keine Sorgen, ob Sie sich an Ihren Text erinnern. Wenn Sie dem Augenblick Aufmerksamkeit schenken, werden Ihnen die richtigen Worte zur rechten Zeit einfallen.

Wir alle geraten irgendwann ins Stocken. Anscheinend können wir uns dem Bann alter Geschichten nicht entziehen, aber dieser Bann kann gebrochen werden.

Vielleicht könnten Sie damit beginnen, indem Sie über Ihr Leben schreiben. Ihre Geschichte niederzuschreiben, ist die beste Methode, überholte Vorstellungen zu hinterfragen. Tun Sie dies ganz nach Belieben. Fangen Sie von vorne an – oder am Ende oder in der Mitte. Wie auch immer Sie es handhaben, Sie werden eine emotionale Lösung finden, eine Perspektive. Sie werden vergrabene Geheimnisse und alten Groll ans Tageslicht befördern, ebenso Dinge, die überholt sind und keinen Sinn mehr ergeben.

Mutmaßen Sie nicht, Ihr Leben sei nicht voller Wunder gewesen. Unterschätzen Sie nicht die Rolle, die Sie in Ihrem eigenen Schicksal gespielt haben. Erzählen Sie Ihre Geschichte objektiv und zollen Sie jeder darin vorkommenden Person Ihren Respekt, vor allem der Heldin bzw. dem Protagonisten. Die Entscheidungen, die diese Figur getroffen hat, waren weder gut noch schlecht. Der Plot verlief nicht auf die richtige Weise – oder auf die schlechteste. Es gibt nichts zu beurteilen und jede Menge zu vergeben. Künstler begreifen dies und behandeln jeden Stoff mit Mitgefühl.

Eine weitere gute Übung besteht darin, sich selbst als Bühnenautor vorzustellen, der im eigenen Stück auftritt. Sie sind sowohl Geschichtenerzähler als auch Hauptdarsteller – ein Mensch, der Schlagzeilen macht. Sie führen die faszinierende und überraschende Wendung herbei; Sie sind die Figur, die die Handlung umlenkt. Sie sind alles: schockierend, verblüffend und beruhigend. Es spielt keine Rolle, wie das Publikum reagiert. Begeisterung ist wichtig – und Liebe für das, was Sie tun. Spielen Sie es für sich – ja, seien Sie so wagemutig.

Versuchen Sie, sich ein wichtiges Ereignis in Ihrer Geschichte vorzustellen. Malen Sie sich dann Folgendes aus: Ihr Text ist improvisiert, nicht einstudiert. Jede Bewegung und Geste ist spontan. Wie würde das die Szene verändern? Wie würde sich schlichte Ehrlichkeit auf den übrigen Plot auswirken? Haben Sie keine Angst vor der Vergangenheit, sondern lernen Sie daraus. Machen Sie es sich zur Aufgabe, künftige Szenen wahr klingen zu lassen.

Sie sind ein Kunststudent bzw. eine Kunststudentin. Sie sind Maler – die Leinwand ist Ihr Leben. Sie sind Musiker, und Sie verkörpern die Sinfonie. Sie sind Romanautor, Komponist und Bildhauer.

Wie schaffen Sie ein Kunstwerk? Auf jeden Fall empfinden Sie Achtung vor Ihrer Kunst, ungeachtet ihrer Besonderheiten. Trauen Sie Ihrem Vorstellungsvermögen. Erkennen Sie in allem die Schönheit und bannen Sie sie auf Ihre Leinwand. Lieben Sie Ihre eigene Kunst und verwenden Sie die einfachsten Liebesworte.

Notizen zum 2. Tag

Tag 3:

Die Schauspielkunst

»Alles, was uns passiert,
einschließlich unserer Demütigungen,
unseres Unglücks, unserer Schande,
wird uns als Rohstoff, als Schlamm gegeben,
damit wir unsere Kunst gestalten können.«

Jorge Luis Borges

Hi, ich begrüße Sie erneut an einem wunderschönen Morgen! Der Himmel ist wolkenlos und die Stimmung elektrisch aufgeladen. Die Hausaufgabe, die Sie sich selbst gestellt haben, hat Sie zweifellos angeregt, mehr zu lernen. Wir sind alle auf die Welt gekommen, um zu staunen und uns Dinge vorzustellen. Rätsel sind da, um gelöst zu werden. Heute wollen wir etwas tiefer in die Geheimnisse der Schauspieler eintauchen. Sind Sie bereit?

Wir Menschen besitzen die Fähigkeit, Visionen zum Leben zu erwecken, Stimmungen zu kreieren und die Musik unserer Zeit zu komponieren. Dazu gehört es, Hauptrollen zu spielen. Früh in unserer Entwicklung lernen wir soziale Verhaltensweisen, Nachahmung und Sprachfähigkeiten, und all diese Elemente zusammen machen aus uns die Darsteller, die wir sind. In diesem Kurs soll nicht die Schauspielkunst gelehrt werden – Sie beherrschen sie bereits meisterhaft –, aber wenn Sie sich in der Lebenskunst auszeichnen möchten, trägt er dazu bei, Folgendes zu erkennen:

Sie schauspielern ständig.
Sie halten die Rollen für wahr, die Sie spielen.
Sie halten die Rollen für wahr, die andere spielen.

So einfach ist das. Wenn Sie gerade denken: »Moment mal, ich fühle mich dadurch beleidigt«, würde ich vermuten, dass Sie gerade die Rolle einer gekränkten Person spielen. Wenn Sie sagen: »Ich stimme zu, dass die meisten Menschen ihre Rolle vortäuschen – aber *ich* doch nicht, das tue ich niemals«, würde ich erwidern: »Klar, okay. Sie sind authentisch, aber die Figur, die Sie darstellen (im Beruf, zu Hause oder sogar allein), ist es nicht.«

Die meisten von uns finden es vergnüglich, Komiker zu beobachten, die andere Menschen imitieren. Warum also empfinden wir es als kränkend, wenn man uns erklärt, dass wir andere Menschen nachahmen? Durch Nachahmen werden wir alle Teil der menschlichen Gesellschaft. Auf diese Weise haben wir gelernt, uns zu präsentieren und Eigenwerbung zu betreiben.

Wir sind größtenteils eine Raubkopie der Menschen, die uns aufgezogen haben. Wir schlagen vielen der Menschen nach, die sich mit uns angefreundet oder sich in uns verliebt haben. Geschwister ähneln sich nicht nur aufgrund ihrer DNA; sie ähneln sich, weil sie von den Menschen, von denen sie erzogen wurden, dieselben Bewegungen und dieselben Sprachmuster lernten. Sie lernten die Mundstellung für das Aussprechen von Silben, sie lernten, wie man lacht, argumentiert, einen Standpunkt vertritt und überzeugt. Sie lernten auch, wie man bezaubert oder nervt. Sie tun es alle auf ähnliche Weise, da sie dieselbe Kunstakademie besucht haben.

Die Kunst der Nachahmung befähigt jedes menschliche Wesen, wohlbehalten erwachsen zu werden, und bereitet alle Menschen darauf vor, eigene Kinder zu haben. Wie Walbabys, Häschen oder kleine Paviane lernen wir, alles so zu tun wie die Älteren, damit wir überleben. Das geschieht instinktiv, und es ist nicht unsere Schuld, wenn wir auch im Erwachsenenalter andere nachahmen.

Doch irgendwann sollten wir das Nachahmen hinter uns lassen. Erwachsene handeln selbstständig, sprechen für sich selbst und treffen eigenständig Entscheidungen über den Verlauf ihres Lebens. Genauso sollten wir es alle halten. Wenn wir die Menschen an alle anderen erinnern, sind wir nicht mehr interessant, ja, kaum noch interessant für uns selbst. Stattdessen könnten wir die Vorzüge unserer Unterschiede nutzen. Wir könnten die Authentizität, die in der Kindheit unangebracht war, ungeachtet der Situation wiedererlangen.

Es ist der Instinkt eines Schauspielers, der ihn treibt, der Wahrheit im Augenblick zu begegnen. Wenn Ehrlichkeit plötzlich die Vortäuschung durchbricht, kann uns dies einen Schock versetzen. Das kann auch ein Publikum schockieren. Um bereitwillige Mitverschwörer im Moment zu sein, benötigen auch die Zuschauer diesen Blitzschlag der Wahrheit. Um als Menschen zusammenzukommen, müssen wir alle wirklich echt werden.

Frühes Training

In unserer Kindheit machten wir die Menschen glücklich. Wir konnten falsch singen, schlecht tanzen oder den Himmel grün malen und ernteten dennoch begeisterte Reaktionen. Wir konnten vom Sofa fallen und ernteten großes Gelächter. Eine Zeitlang erweckte es den Eindruck, als sei die Welt das bestmögliche Publikum, das man mühelos in gute Laune versetzen kann. Wir lernten nahestehende Personen nachzuahmen, und sie belohnten uns mit Liebe. Indem sie sich selbst in uns sahen, wurden sie dazu inspiriert, sich selbst etwas mehr zu lieben.

Haben Sie je ein Kind beobachtet, das sich im Spiegel betrachtet? Kinder gefallen sich auf dieselbe Weise, wie sie gelernt haben, anderen zu gefallen. Sie posieren. Sie probieren jeden möglichen Gesichtsausdruck aus. Sie bewegen sich graziös wie Models. Sie nutzen alle Elemente ihres sich entwickelnden Talents, um ihre Rollen für die Weltbühne zu kreieren.

Berufsschauspieler lernen, die Fertigkeiten, die sie als Amateure entwickelt haben, zu vervollkommnen: Bewegung und Sprache. Das tun Sie ebenso. Während Sie heranwachsen, bemühen Sie sich, die Fertigkeiten, die Sie bereits besitzen, weiter auszufeilen. Ein Darsteller, der sich selbstsicher auf der Bühne bewegt, wird das Publikum viel leichter in seinen Bann ziehen. Eine wirklich überzeugende Schauspielerin erregt die Aufmerksamkeit aller. Das Gleiche trifft auf Sie zu. Die Art, wie Sie sich in der Welt bewegen, bestimmt die Art, wie die Menschen auf Sie reagieren. Ihr Umgangston, Ihre Wortwahl, Ihre Körperbewegungen – all das kann ein Publikum faszinieren, und zwar jedes Mal, wenn Sie die Szene betreten.

Jeder Darsteller benötigt einen Schauplatz, wo er glänzen kann, und Ihrer wartete auf Sie schon lange, bevor Sie die Bühne betraten. Ihre Kulisse war sozusagen bereits aufgebaut, und die Requisiten lagen an Ort und Stelle. Vertraute Figuren standen schon auf ihren markierten Positionen und warteten unter den Scheinwerfern auf Sie. Sie wollten unbedingt mit Ihnen auftreten, Ihnen bei der Vorbereitung helfen und mit Ihnen proben. Als Sie eintrafen, war die Bühne bereit, Ihre Schauspielkollegen befanden sich auf ihren Positionen, und das Stück war bereits im Gang. Nun waren Sie an der Reihe, Teil des Ganzen zu werden.

Es überrascht nicht, dass Sie sich in Ihren schlimmsten Albträumen manchmal nackt und ohne Rollenheft auf der Bühne sehen. Genauso sind Sie auf die Welt gekommen: nackt, von den Lichtern geblendet, gewahr, dass Sie von allen beobachtet werden. Lange Zeit konnten Sie den Text, mit dem man Sie fütterte, nicht wiedergeben. Sie konnten nicht so performen wie Ihre älteren Geschwister. Seither sind Sie immer wieder die Bühne auf und ab geschritten, waren sich häufig Ihrer Fertigkeiten unsicher und fürchteten sich panisch vor Urteilen. Doch wie jeder versierte Darsteller betreten Sie die Bühne immer wieder und geben Ihr Bestes.

Sie halten sich tagtäglich an dieselbe Routine. Morgens legen Sie Ihr Make-up auf bzw. machen Ihr Gesicht zurecht (so wie es Ihnen Ihrer Meinung nach am besten dient) und kleiden sich für die Rolle, die Sie spielen sollen. Dabei geht es nicht nur darum, sich der Menge anzupassen. Die große Bühne ist nicht nur für jene gedacht, die sich anpassen – nein, sogar Nonkonformisten brauchen Masken und Kostüme. Missachtung ist eine Stilfrage. Genauso Empörung und Zynismus. Wenn alle den Aufstand üben, erscheinen sogar Rebellen konventionell. Selbst Aufrührer sind Sklaven der Mode.

Schließlich sagen die Frisur, das zurechtgemachte Gesicht und die Kleidung wenig über unsere wahre Identität aus. Wie Autoaufkleber und Tattoos weisen sie darauf hin, wie verzweifelt wir darüber sind, *nicht gesehen zu werden*. Wir verstecken uns gerne hinter unseren Sprüchen und unserer Aufmachung. Wir übertünchen die Wahrheit mit Sarkasmus.

Erinnern Sie sich noch einmal kurz an den wunderbaren, spontanen Augenblick, in dem Sie das Licht der Welt erblickten. Damals waren Sie ein authentisches Wesen. Wo ist es geblieben?

Sind Sie eifrig damit beschäftigt, zu proben, zu rezitieren und zu schauspielern? Wer entschädigt Sie für diese Bemühungen? Es stimmt, Sie wurden geboren, um nachzuahmen. Sie waren mit einem guten Verstand gesegnet, der es ermöglichte, alles, was Sie sahen, zu verarbeiten und darauf zu reagieren. Mit Übung und Erfahrung haben Sie es zur Meisterschaft gebracht. Wenn Sie etwas oft genug verrichten, wird es zu einem Teil Ihres Wesens. So bereiten sich Berufsschauspieler auf ihre Rolle vor. Und genauso haben Sie es gemacht: mit Paxis und Wiederholung.

Sie haben eine Figur sowie eine Hintergrundgeschichte geschaffen. Der Dialog erfolgt nun ganz automatisch. Weitere Figuren in Ihrem Spiel sind leicht umrissen, aber Sie kennen *sich.* Niemand kann diese Rolle besser spielen, ungeachtet des Rollenhefts und des Publikums. Aber Sie fangen jetzt an, zu begreifen, wie diese Rolle Ihre Entscheidungen und Handlungen beeinflusst hat. Sie merken, welch eine starke Kontrolle sie über Sie hat. Vielleicht erkennen Sie sogar, dass Sie gar nicht so hart daran arbeiten müssen. Sie könnten sich sogar ein wenig Zeit nehmen, um den Künstler hinter der Rolle zu entdecken. Lassen Sie sich von jedem Puzzleteil zum nächsten führen. Erfahren Sie immer mehr über das Geheimnis von Ihnen als Darsteller bzw. Darstellerin. Wenn Sie sich Ihrer Methoden bewusst werden, können Sie fundierte Entscheidungen über Ihren weiteren Weg treffen.

Die Methode

Das Bewusstsein dient Ihnen als Hilfe, Ihre Entscheidungen zu erkennen. Gerade jetzt werden Sie sich Ihrer selbst als Schauspieler oder Schauspielerin bewusst. Sie sehen sich aus einer neuen Perspektive, die Ihnen helfen wird, mit zunehmender Entwicklung bessere Entscheidungen zu fällen. Lassen Sie uns also einen Blick auf verschiedene Methoden werfen, derer sich Schauspieler bedienen, um sich in Ihrem Beruf auszuzeichnen.

Sie erkennen bereits Ähnlichkeiten in der Art und Weise, wie die meisten von uns gewöhnliche Situationen angehen. So ist es für uns eine übliche Technik, so zu tun, als kümmerten uns die Probleme anderer, obwohl dies keineswegs der Fall ist. Wir zeigen uns emotional – verärgert, traurig oder gekränkt –, da dies angebracht zu sein scheint.

Häufig entsprechen unsere Gefühle nicht unserem Handeln. Manchmal stimmt unser Handeln nicht mit unseren Gedanken überein. In einigen Schauspielschulen nennt man dies »Surface Acting«, ein Verhalten, das wir Übrigen als »oberflächlich« oder »unaufrichtig« bezeichnen. Besteht ein Widerspruch zwischen dem, was ein Schauspieler fühlt, und dem, was er tut, ist das Ergebnis eine schlechte Aufführung. Und die Langzeitfolge ist körperliche Erschöpfung. Authentisch zu sein, ist aufbauend, doch es vorzutäuschen, ist harte Arbeit.

Bietet der Darsteller nur eine mittelmäßige Leistung, kann ihn dies beängstigen, hemmen, ja sogar beschämen. Natürlich leidet die Aufführung darunter. Gelingt es einem Schauspieler nicht, eine Verbindung mit den anderen Darstellern zu schaffen, wird das gesamte Stück darunter leiden.

Was hat das mit Ihnen zu tun? Wenn Sie nicht mit sich selbst im Einklang sind, leidet Ihre Kunst darunter. Sind Sie nicht im Einklang mit Ihren Kollegen, leidet Ihre Lebensqualität darunter. Das sollte Ihnen einleuchten, ja, es sollte sogar vertraut klingen.

Sicherlich haben Sie schon von »Method Acting« gehört, aber was bedeutet das? Bei dieser Methode werden Schauspieler ermutigt, persönliche Erinnerungen dazu zu nutzen, eine Vorstellung zu inspirieren. Das ist sinnvoll, weil sich Künstler stark auf ihre eigene Lebenserfahrung verlassen.

Auch Sie stützen sich auf das, was Sie wissen und was Sie erlebt haben. Bei Ihren sozialen Interaktionen beziehen Sie sich auf Vergangenes, nicht wahr? Sie sprechen über Ihre Kindheit, Ihre vergangenen Liebesbeziehungen und Ihren derzeitigen Job. Wenn Ihre Geschichten nicht genug hergeben, wiederholen Sie die Geschichten anderer Menschen; Sie borgen sich etwas aus dem Leben einer anderen Person. So oder so tun Sie Ihr Möglichstes, um andere Menschen zu faszinieren. Sie ziehen sie in Ihren Bann und unterhalten sie. Das ist Ihre Methode.

Beim Method Acting wird einem Darsteller empfohlen, im Verlauf einer Szene eine bestimmte Erinnerung wiederaufleben zu lassen. So werden zum Beispiel die Gefühle, die ein Darsteller empfand, als vor Jahren ein von ihm geliebter Mensch verstarb, wieder ins Gedächtnis gerufen und ersetzen in der Szene die Gefühle der von ihm gespielten Figur. Der Schauspieler war damals am Boden zerstört, und jetzt bricht dem dargestellten Charakter ebenfalls das Herz. Wenn er auf emotionale Erinnerungen zurückgreift, lässt er die Darstellung einer Scheinsituation glaubhafter erscheinen. Diese Methode mag Ihnen normal erscheinen, ob Sie auf der Bühne stehen oder nicht.

Wir schöpfen oft aus schmerzhaften Erinnerungen, aus Kränkungen in der Vergangenheit. Vielleicht werden wir jetzt wütend, weil es uns damals nicht möglich war. Wir setzen unsere Trauer fort, weil wir glauben, damit einen geliebten Menschen zu würdigen, oder um uns selbst zu bestrafen. Zum Spaß lassen wir vergangene Auseinandersetzungen und alte Eifersüchteleien wieder aufleben, aber nur in unserem privaten Bereich. In der Öffentlichkeit bringen wir diese Gefühle durch die Performance Art zum Ausdruck.

Wir alle haben Situationen erlebt, in denen starke Gefühle von uns erwartet wurden, die wir öffentlich zeigen sollten, zum Beispiel bei einer Beerdigung oder bei einer Hochzeit. Man erwartet von uns, dass wir vor allen anderen Tränen vergießen, ob aus Trauer oder aus Freude. Bei einem Ballspiel schreien wir wie die Irren, und wir brechen bei einer Comedy-Show in brüllendes Gelächter aus. Wir sind genauso eifrig wie unsere Kollegen oder genauso zynisch wie ein Freund. Wir sind genauso gekränkt oder tief verletzt wie jemand, der uns nahesteht. »Wenn du mich lieben würdest«, mag Ihr Partner vielleicht äußern, »würdest du spüren, was ich fühle.« Sie sollten es wohl, aber Sie tun es nicht, Sie können es nicht.

Natürlich können Sie sich in einen anderen Menschen hineinversetzen, fühlen, was er durchmacht, und ihn trösten. Im wirklichen Leben ist es keineswegs hilfreich, denselben Grad an Empörung wie unser Gegenüber zu empfinden; das macht alles nur noch schlimmer. Den meisten von uns macht es keinen Spaß, vorzugeben, wir würden etwas empfinden. Auf kurze Sicht bewirkt dies einen inneren Konflikt, und auf lange Sicht hat es zur Folge, dass wir erschöpft und womöglich sogar krank werden.

Für Berufsschauspieler ist es eine große körperliche Belastung, bei jedem Auftritt intensive Gefühle zeigen zu müssen. In den meisten Situationen ist dies auch für Sie eine Belastung. Schmerzliche Erinnerungen ins Bewusstsein zurückzuholen – unter welchen Voraussetzungen auch immer –, fühlt sich wie eine Bestrafung an, und für Ihr Nervensystem ist es tatsächlich eine Bestrafung.

Ihr Spiel mag real erscheinen, aber ihm geht ein Denkprozess voraus, den Sie kontrollieren. Sie haben eine Erinnerung wieder aufleben und einen spontanen Einfall wahr erscheinen lassen. Sie sind die Person, die Stücke schreibt und Regie führt. Sie sind zuständig für die Stimmung und die Methode jeder Aufführung, und Sie zahlen dafür den emotionalen Preis. Aus künstlerischer Sicht ist es nicht sinnvoll, sich selber Schmerz zuzufügen. Es ist töricht, ein Kindheitstrauma wieder aufleben zu lassen, um authentischer zu wirken. Es mag eine Binsenweisheit sein, aber Authentizität braucht keinen Kunstgriff. Die Wahrheit bedarf keiner Mühe.

Die Lösung emotionaler Probleme ist Teil des Jobs eines jeden Darstellers und auch Ihr Job. Wir alle wollen produktivere Künstler und bessere Partner sein. Das bedeutet, dass wir unsere emotionalen Stolpersteine beseitigen müssen, um für größere Rollen bereit zu sein. Versuchen Sie, ein gewissenhafter Herausgeber Ihres eigenen Materials zu sein. Wenn Sie alten Wunden und schlechten Erinnerungen nachhängen, sorgen Sie dafür, dass Ihr Leben zu kompliziert wird. Und Sie stehen Ihrer Kunst im Weg.

Es gibt eine weitere Schauspielmethode, die von den Schauspielern lediglich verlangt, präsent zu sein. Mit anderen Worten: Statt vergangene Erfahrungen erneut ins Bewusstsein zu rufen, tauchen sie ganz in die Rolle ein, die sie gerade darstellen. *Sie glauben das, was sich auf der Bühne abspielt.* Und es funktioniert.

Der Schlüssel ist, zu schauen, zu hören und zu verstehen, was sich gerade vor Ihren Augen abspielt. Beachten Sie dies! Nicht vergangene Eindrücke, sondern die gegenwärtige Situation sollte Ihr Handeln bestimmen. Der Punkt ist, dass man sich zeigt und dem Augenblick Beachtung schenkt. Es geht darum, *präsent zu sein.*

Präsent zu sein heißt nicht, dass man versuchen soll, sich an ein bestimmtes Gefühl zu erinnern oder nach einer passenden Geschichte zu suchen. Berühmte Persönlichkeiten zu zitieren, ist nicht dasselbe wie Ihre wahren Gefühle zum Ausdruck zu bringen.

Worte berühren das Herz des Zuhörers eher, wenn sie in aller Aufrichtigkeit gesprochen werden. Wir alle wissen es, wenn jemand auf der Bühne unechte Gefühle zeigt; es bereitet uns Unbehagen. Und wir würden am liebsten wegschauen. Das Gleiche gilt für das Alltagsleben: Wenn jemand übertreibt, fühlen wir uns unbehaglich. Wenn jemand etwas vortäuscht, würden wir lieber weggucken.

Schauspielern bedeutet glauben. Das gilt in den meisten Schauspielschulen als Maxime. Natürlich ist etwas nicht wahr, nur weil man es glaubt. In Ihrem Alltag zahlt es sich aus, skeptisch zu sein. Sie brauchen nicht alles zu glauben, was Sie hören, ob die Ideen nun von Ihnen stammen oder von jemand anderem. Sie können mehr sehen und besser hören, wenn Sie fähig sind, wahrzunehmen, was tatsächlich vor sich geht, und kein Melodrama daraus machen.

Seien Sie bereit für weitere Herausforderungen wie diese. Verlangen Sie von sich, skeptisch zu sein, aber bereit, zuzuhören. Schließlich performen Sie ja nicht für ein zahlendes Publikum. Sie versuchen nicht, eine Show abzuziehen. Sie wissen, dass Authentizität Ihnen ein Leben lang nützlich sein wird, ebenso Ihren Schauspielkollegen. Wer auch immer Sie auf Ihrer Reise begleitet, wird Ihre Fähigkeit, präsent und authentisch zu sein, schätzen – gerade in diesem Augenblick, zu hundert Prozent.

Dem Beruf Aufmerksamkeit schenken

Vielleicht sind Sie der Meinung, dass die Schauspielerei eher für Menschen gedacht ist, die extravertierter sind als Sie oder es genießen, im Mittelpunkt der Aufmerksamkeit zu stehen. Vielleicht glauben Sie, sie sei etwas für attraktivere und selbstbewusstere Menschen. Aber tief in Ihrem Inneren wissen Sie es besser. Sie haben es von jeher gespürt, dass Sie ein Schauspieler bzw. eine Schauspielerin sind. Vielleicht erinnern Sie sich nicht mehr an Ihre ersten Lehrer oder Regisseure. Mag sein, Sie bestreiten, dass je ein Rollenheft für Sie geschrieben wurde, aber Sie wissen immer noch nicht, warum Sie viele der Dinge sagen, die Sie sagen. Gewisse Impulse verwirren Sie, und viele Ihrer Reaktionen haben Sie überrascht. Nicht einmal jetzt können Sie aus dieser kleinen Seifenoper, die Ihr Leben darstellt, schlau werden.

Ihre Reise ist ein verwirrendes Geheimnis, vor allem, weil Sie nicht bemerkt haben, was sich hinter den Kulissen abspielt. Aufmerksamkeit ist der Schlüssel zur Erkenntnis. Studierende erreichen nichts, wenn ihre Aufmerksamkeit im Unterricht nachlässt. Aufmerksamkeit verhalf Ihnen dazu, ein guter Schauspieler bzw. eine gute Schauspielerin zu werden; sie hat Sie dabei unterstützt, Ihrer Rolle treu zu bleiben. Wenn Sie Ihre Aufmerksamkeit umlenken, können Sie etwas tun, was Sie nie zuvor versucht haben: alte Rollen und Realitäten aussortieren.

Bisher haben Sie es Ihren Überzeugungen erlaubt, Ihre Aufmerksamkeit zu kontrollieren. Wenn Sie etwas glauben, neigen Sie also dazu, Ihre Aufmerksamkeit auf alles zu fokussieren, was diese Überzeugung untermauern könnte. Sie finden Mittel und Wege, den Vorzug Ihrer Überzeugung zu bekräftigen. Tatsächlich ist es schwierig, Ihre Aufmerksamkeit lange genug von ihr abzuziehen, um einen anderen Gesichtspunkt zu erwägen.

Wenn Sie Kontrolle über Ihre Aufmerksamkeit haben, werden Sie nicht so ohne Weiteres von einer Überzeugung oder einer Meinung beherrscht. Sie fühlen sich nicht verpflichtet, auf das, was andere Menschen denken, zu reagieren. Sie können bewusst entscheiden, woran Sie glauben wollen. Dort, wohin Sie Ihre Aufmerksamkeit lenken, geschehen Dinge. Beziehungen entwickeln sich, Gärten nehmen Gestalt an. Projekte gedeihen. Am wichtigsten ist, dass *Überzeugungen* dank der Kraft Ihrer Aufmerksamkeit entstehen. Ohne diese Aufmerksamkeit verlieren die Überzeugungen ihre Macht über Sie.

Sie haben Ihre Aufmerksamkeit darauf verwandt, eine gewisse Seinsweise zu unterstützen, aber vielleicht wünschen Sie sich jetzt, dass die Dinge anders wären. Vielleicht möchten Sie aufgeschlossener und spontaner sein. Die Welt wird versuchen, Sie von dieser Leistung abzubringen. Sie ist ein lauter Ort, an dem jeder um Aufmerksamkeit heischt. Die Menschen in Ihrem Umfeld sind völlig mit ihrer eigenen Show beschäftigt; Sie fungieren als Kleindarsteller in deren Produktion. Ihre Geschichte ist unwichtig. Nichts davon sollte eine Rolle spielen; von Bedeutung ist die Art, wie Sie sich selbst ablenken und verleugnen.

Stellen Sie sich vor, Sie sitzen an einem Samstagabend im Kino: Der Saal ist voll, und die Zuschauer sind unruhig und laut. Bei all dem Chaos um Sie herum fällt es Ihnen schwer, sich auf den Film zu konzentrieren. Menschen reden gern, schreiben SMS, drehen und wenden sich um und begeben sich zum Getränkestand. Unterdessen spielt sich das Geschehen auf der Leinwand ab. Der Film läuft weiter, ungeachtet dessen, ob ihm jemand Aufmerksamkeit schenkt oder nicht.

Es könnte sein, dass ich gerade die Ihnen bekannte Welt beschreibe – die Welt außerhalb des Kinos. Täglich wird die erstaunliche Kunst des Lebens vor Ihren Augen neu geschaffen.

Sie treibt Knospen, sie blüht, sie funkelt und stirbt, während Ihre Aufmerksamkeit auf den Lärm fokussiert ist. Selbst ohne das Drama der Außenwelt wird Ihre Aufmerksamkeit von den Szenen, die sich in Ihrem Kopf abspielen, in Beschlag genommen. Dies gilt für jeden; niemand schenkt anderen viel Aufmerksamkeit.

Aufmerksamkeit macht sich enorm bezahlt. Es ist genauso wichtig, Ihren Kindern diese Erkenntnis beizubringen, wie sie selbst zu beachten. Ob sie sich dafür entscheiden, glückliche Erwachsene zu werden oder nicht: Sie werden dank Ihnen auf jeden Fall eine reale Verbindung zur Freude, zur Liebe und zum Leben haben. Sie werden von Ihnen lernen, dass es sich lohnt, aufmerksam zu sein.

Die Wahrheit beim Schauspielern

Aufmerksamkeit macht den Unterschied zwischen einem durchschnittlichen und einem mitreißenden Schauspieler aus, zwischen einem verlässlichen Freund und einem, dem man nicht über den Weg trauen kann. Egal, was die übrige Welt tut – wir alle müssen mehr darauf achten, aufrichtig zu sein. Wir sagen, dass wir etwas tun werden, doch dann vergessen wir, was wir gesagt haben. Wir geben Versprechen, die wir nicht halten können. Wir belügen uns regelmäßig, indem wir schauspielern und überreagieren. Die folgende einfache Übung wird diesen Punkt erklären. Versuchen Sie, sich zu entspannen, und aktivieren Sie Ihre Vorstellungskraft ...

Stellen Sie sich vor, Sie stehen auf einem Hügel und blicken auf eine hübsche Landschaft hinunter. Der Anblick ist sehr angenehm und sehr beruhigend. Als sie sich das Ganze näher ansehen, bemerken Sie, dass ein Bahngleis durch das kleine Tal verläuft. Können Sie es sehen? Gut. Dann machen wir weiter.

Während Sie dort stehen und den Blick schweifen lassen, hören Sie die Geräusche eines näher kommenden Zugs. Die Geräusche scheinen aus zwei unterschiedlichen Richtungen zu kommen, was Ihre Aufmerksamkeit erregt. Sie entdecken jetzt zwei Züge: Einer kommt aus dem Osten, der andere aus dem Westen. Beide Züge rasen auf demselben Gleis entlang. Man vernimmt ihre Pfeifen. Keiner der beiden Züge verlangsamt das Tempo. Plötzlich wird Ihnen ruckartig bewusst: Bei der Geschwindigkeit, mit der die Züge heranbrausen, werden sie unweigerlich frontal zusammenstoßen.

Okay. Bleiben Sie genau dort stehen, wo Sie sind, und performen Sie Ihre Reaktion. Sie blicken wie gebannt auf die Züge, die direkt aufeinander zurasen. Ihre akustischen Signale dröhnen. Das Kreischen von Metallbremsen durchdringt das Tal, aber Sie wissen, dass die Züge vermutlich nicht rechtzeitig abbremsen können, um einen tragischen Zusammenstoß zu vermeiden.

Stellen Sie sich vor, wie Sie schreien oder sich abwenden? Stolpern Sie den Hügel hinunter und schwenken die Arme? Brüllen Sie in Richtung der Züge? Rufen Sie um Hilfe? Vielleicht halten Sie die Hände vor die Augen, wollen nicht Zeuge dieses Unglücks sein. Wenn die Züge schließlich aufeinanderprallen und entgleisen, was tun Sie dann? Schreien Sie voller Entsetzen auf? Fallen Sie zu Boden? Werden Sie ohnmächtig?

Würden Sie vor einem Publikum schauspielern, würden Sie bei dieser Szene sehr emotional werden, oder? Natürlich. Ein Unglück mitzuerleben, ist zutiefst erschütternd. Und das würden Sie deutlich demonstrieren. Sie würden Entsetzen und Wut zeigen. Sie würden vor lauter Kreischen die Stimme verlieren und wären wie von Sinnen.

Würden Sie sich tatsächlich so verhalten, dann würde ein guter Regisseur Sie durchfallen lassen. Ein Schauspiellehrer würde Ihre hektische Darstellung beobachten, Sie kurz Atem schöpfen lassen und dann sagen: »Gut, nun zeigen Sie mir, was Sie *wirklich* in einer solchen Situation tun würden.«

Wie bitte? Nach all diesem emotionalen Aufwand? Sicherlich würde die Bemerkung Sie kränken, aber Sie sind ein guter Student, eine gute Studentin. Sie würden es erneut versuchen. Und dieses Mal würden Sie besser aufpassen. Sie würden in die imaginäre Ferne blicken und beobachten, wie die beiden Züge direkt aufeinander zufahren, sich immer mehr einander nähern. Sie würden erkennen, dass sie zu schnell fahren und einander bereits zu nah sind, um die Katastrophe abzuwenden. Was könnten Sie tun?

Sie könnten gar nichts tun! Allein und so weit entfernt hätten Sie keine Möglichkeit, zu helfen. Also würden Sie nichts tun. Ihr Gesichtsausdruck würde wahrscheinlich wechseln von Sorge zu Erstaunen und schließlich zu Erstarren. Kurz vor der Kollision würden Sie sich wie gelähmt fühlen. Vielleicht würden Sie den Mund öffnen, aber kein Laut würde herauskommen. Sie würden schweigend alles beobachten und kaum atmen. Nachdem alles vorüber wäre, könnten Sie entweder zum Schauplatz eilen oder Hilfe holen.

Diese Reaktion ist weit weniger theatralisch als das ganze Geschrei, aber sie ist ehrlicher. Wie wir bereits erwähnt haben, kann Aufrichtigkeit fesselnd sein. Die Wahrheit ist unwiderstehlich. Da wir sie so selten erleben, kann sie uns sogar schockieren.

Vielleicht sind Sie von dieser Übung geschockt. Nichts zu tun, mag Ihren Instinkten zuwiderlaufen, aber Instinkte sind bei dem Gedankenprozess auf verlorenem Posten. Es ist leicht, zu *denken,* dass Sie alle möglichen Dinge tun würden – Dinge, die zu gegebener Zeit keinen Sinn ergeben. Aber in einem Notfall spielt das Denken selten die Hauptrolle.

Es empfiehlt sich, dass Sie Ihren Grad an Ehrlichkeit in jeder Situation überprüfen. Sobald Sie fassungslos über Ihre eigene Falschheit sind, verändert sich etwas in Ihnen. Wenn Sie sich Ihrer eigenen Heuchelei bewusst werden, fangen Sie an, sich nach Wahrheit zu sehnen. In unserem Alltag ist die Wahrheit schwer fassbar, hauptsächlich, weil wir vergessen, nach ihr zu suchen. Das kann sich ändern. Wir können Verlangen danach entwickeln, können sie von uns selbst fordern. Wir können einen Moment lang mit dem Heucheln aufhören und auf sie warten.

Große Schauspielerinnen und Schauspieler lieben ihren Beruf, und ich verstehe auch, warum. Sie fühlen sich mehr von der Wahrheit angezogen als von der Lüge – und ironischerweise finden sie die Wahrheit auf der Bühne. Wie sind Schauspielerei und Authentizität vereinbar? Die Antwort ist kompliziert und einfach zugleich: Seit Beginn dieses Abenteuers sind wir alle auf der Suche nach der Wahrheit. Als Kinder lernten wir, dass oft Täuschung erwartet und manchmal sogar der Wahrheit vorgezogen wurde. Seit damals vermissen wir den Geschmack und das Gefühl von Wahrheit. Um es auf den Punkt zu bringen: Wir vermissen *uns selbst* schon allzu lange.

Das Problem besteht darin, dass die meisten Zuschauer das Drama lieben. Sie legen Wert auf eine gute Aufführung. Was also haben Schauspieler zu tun?

Das Publikum verändert alles. Wenn wir beobachtet werden, reagieren wir anders. Stellen Sie sich zum Beispiel erneut die Szene mit den beiden Zügen vor. Gehen Sie davon aus, dass Sie dieses Mal nicht allein auf dem Hügel stehen. Als die Züge kollidieren, ist jemand bei Ihnen.

Gut, mit jemandem an Ihrer Seite, wären Ihre Reaktionen stärker; vielleicht würden Sie tatsächlich schreien, mit den Fingern deuten und beschreiben, was sich abspielt. Sie würden vermutlich schauen, wie die andere Person reagiert. Es ist kein Geheimnis, dass sich die Menschen gegenseitig von den Gefühlen anderer nähren. Wir lassen uns gegenseitig inspirieren. Wir wurden darin geschult, eine Performance zu bieten, und fühlen uns nur allzu oft verpflichtet, dies zu tun.

Warum? Nun, in unserer Kindheit hat sich die Schauspielerei gelohnt, nicht wahr? Wenn wir nicht um etwas bitten konnten, schrien wir. Unser Geschrei erregte wenigstens die Aufmerksamkeit von jemandem. Als wir schließlich fähig waren, Worte zu benutzen, schrien wir trotzdem. Ein Wutanfall sorgte für eine schnelle Reaktion. Unser Geschrei und unsere Fußtritte führten zu schnellen Ergebnissen. Wir entdeckten eine Möglichkeit, andere Menschen zu kontrollieren, größere Menschen, und das Gelernte blieb haften.

Die Wutanfälle der Kindheit wachsen sich zu denen im Teenager-Alter aus und entwickeln sich eines Tages zu zerstörerischen Verhaltensweisen bei Erwachsenen. Es ist merkwürdig, zu beobachten, wie Erwachsene um sich treten und schreien, um Aufmerksamkeit zu erregen, oder? Mit den Füßen treten und schreien sind natürlich Metaphern für alle Arten theatralischen Verhaltens. Sich wie ein Kleinkind zu verhalten, verbessert die Beziehungen von Erwachsenen nicht. Das wissen wir inzwischen alle. Wenn jede Aktion eine Reaktion hervorruft –

gefolgt von dem Bedürfnis, auf diese Reaktion zu reagieren –, eskaliert der Wahnsinn.

Vielleicht handeln Sie unter Druck ebenfalls wie ein Verrückter. Vielleicht sind Sie die Drama-Queen, die Wutanfälle bekommt, um Aufmerksamkeit zu erregen. Nein? Nun, ich meine nicht Sie speziell, aber einige Menschen spielen weiterhin diese Rollen. Es ist egal, dass sie eine negative Reaktion erhalten – Hauptsache, sie bekommen überhaupt eine Reaktion. Die meisten Menschen entwickeln sich und werden reifer. Sie lernen aus Erfahrung und passen sich an. Sie wagen es, ehrlich zu sein. Manchmal werden sie sogar weise.

Ich würde jetzt gerne von Ihnen wissen: Sind Sie sich selbst gegenüber so ehrlich, wie Sie es Ihrem Wissen gemäß sein sollten – oder genügt es Ihnen, eine realistische Performance zu bieten? Alle Wege führen zur Wahrheit, wenn Sie sie finden wollen. Vielleicht ist eine lange, verwirrende Reise erforderlich, aber wozu sind Sie denn hier? Vergeuden Sie keine Zeit damit, auf bessere Rollen, bessere Stücke oder eine kongenialere Truppe von Schauspielern zu warten. Hören Sie jetzt auf sich selbst. Lernen Sie aus Ihren Lügen. Wechseln Sie den Kurs und lassen Sie bei Ihren Gesprächen Ehrlichkeit walten. Entwickeln Sie ein Gespür dafür.

Um ungehindert kreativ sein zu können, müssen Sie Kritik mit Humor ertragen. Sie müssen Ihre Angst vor einer Beurteilung ablegen. Vielleicht müssen Sie den ausgetretenen Pfad verlassen, um im Dorngestrüpp nach der verborgenen Wahrheit zu suchen. Wen interessiert es?

Gehen Sie Ihren Weg weiter. Gönnen Sie sich täglich eine Dosis Wahrheit, und sei es nur Ihnen selbst zuliebe.

Die Schauspieltruppe

Die Truppe oder die Theaterfamilie ist das pulsierende Herz professioneller Schauspieler, und das Vertrauen, das innerhalb dieser Familie herrscht, dient uns allen als Vorbild. Schauspieler müssen sich aufeinander und auf die Backstage-Unterstützung verlassen können. Der Zauber des Theaters besteht in der Zusammenarbeit, denn jeder Künstler ist entscheidend für das Endergebnis.

Schauspieler arbeiten in ihrer Bestform als enges Team zusammen. Sie vertrauen einander, was die Stichworte und das richtige Timing betrifft. Sie verlassen sich auf die Energie und Inspiration jedes Einzelnen. Professionelle Schauspielerei umfasst lange Proben und körperliche Anstrengung, aber eine gute Zusammenarbeit lässt das Ganze die Mühe wert erscheinen.

Genauso verhält es sich mit uns. Wir alle haben einen kleinen Freundeskreis. Geteilte Erfahrungen bringen uns einander näher. Das gegenseitige Vertrauen lässt uns weniger zynisch gegenüber dem Leben werden. Wir machen einem Freund ein großzügiges Geschenk, indem wir es ihm ermöglichen, zu glänzen. Nichts davon scheint direkt etwas mit der Schauspielerei zu tun zu haben, führt aber zum selben Ziel: einem magischen Ergebnis. Die Magie, die wir zwischen uns zaubern, stellt ihr eigenes kostbares Geheimnis dar.

Künstler jeglicher Art werden voneinander angezogen. Sie genießen es, die Sprache und die Leidenschaften ihrer Kunst miteinander zu teilen. Sie unterhalten sich über ihre Arbeit, deren Probleme und deren Lohn. Sprechen Sie mit jemandem über Ihre eigene Methode oder die Tricks Ihres Berufs? In wessen Gegenwart können Sie ungeniert über Ihre Ängste oder Ihren Sieg über die Angst reden? Unter welchen Umständen würden

Sie es wagen, gefühlsmäßig verletzlich zu sein, und sich dabei wohlfühlen?

Wenn Schauspieler von ihrer Truppe unterstützt werden, können sie mutige Entscheidungen treffen. Der Kunst zuliebe können sie zusammen mit anderen Narren ein Narr sein. Wann hatten Sie so viel Vertrauen ins Leben, dass Sie Ihre Hemmungen überwanden? Es ist sehr inspirierend, mitzuerleben, wie Menschen als souveränes Team zusammenarbeiten, vertrauensvoll und verbunden, um ein gemeinsames Ziel anzustreben. Es wirkt dagegen entmutigend, untereinander zerstritten zu sein.

Um das Talent anderer Menschen zu schätzen, bedarf es nur einer leichten Wahrnehmungsänderung. Wenn mehr Menschen zu dieser Änderung bereit wären, würden wir voller Begeisterung ähnliche Leidenschaften teilen. Wir würden hin und wieder unsere Masken lüften. Wir würden uns trauen, authentisch zu sein. Stattdessen ziehen wir es vor, vorsichtig zu bleiben. Wir bewahren Geheimnisse, sogar vor uns selbst.

Wenn wir eingestehen, dass wir eine Truppe von Schauspielern sind – die gemeinsam an großen und kleinen Produktionen mitwirken –, kann das eine Menge imaginärer Mauern einreißen. Ja, es kann sogar ein paar reale Mauern zum Einsturz bringen, sodass wir bereit sind, Spiele zu erfinden und uns zu verschwören. Spaß kann unser Hauptziel sein. Wir brauchen uns nicht in die Lage von Kindern zurückzuversetzen, um zu wissen, wie erregend es ist, als Team zu spielen. Wir können es voller Begeisterung tun und diese Magie jederzeit spüren.

Das Kindertheater ist ein Beispiel dafür, wie man sich dem Zauber hingibt. Ein aus Kindern bestehendes Publikum tut mehr als nur beobachten; Kinder wollen unbedingt mitwirken. Sicherlich können Sie das nachempfinden.

Stellen Sie sich nun vor, dass Sie bei einem für Kinder aufgeführten Stück im Publikum sitzen. Ein Märchen wird aufgeführt – sagen wir: *Rapunzel und die Hexe.*

Beachten Sie, wie schnell Kinder es akzeptieren, dass ein junges Mädchen von einer Hexe gefangen genommen und gezwungen wird, ihre Tage in einem Zauberturm zu verbringen. Sie kapieren es sofort, auch wenn sie die Geschichte nie zuvor gehört haben. Ihre Begeisterung hängt nicht von ausgefeilten Sets oder Spezialeffekten ab. Sie müssen nicht unbedingt die Vorgeschichte kennen oder sehen, wie üppiges goldenes Haar vom Turmfenster heruntergelassen wird; sie malen sich das Ganze aus.

Sie begreifen, dass sich ein Prinz in Rapunzel verliebt hat und sie von der Grausamkeit der Hexe befreien möchte. Als die böse Hexe auf die Bühne schlurft, sind die Kinder voller Entsetzen und von Aufregung erfüllt. Sie warnen die übrigen Figuren auf der Bühne vor der Gefahr. Sie sind Teil der Szene, gefangen von der Handlung.

Die Kinder kommen so, wie sie sind, zum Theater und verwandeln sich dort. Sie werden zu Mitverschwörern. Willig und eifrig geben sie sich dem Zauber hin – indem sie selbst Teil des Plots werden. Solange das Spiel andauert, bestimmt Rapunzels Glück auch das Glück der Kinder. Ihr Schicksal ist ihres. Vielleicht finden Sie, dass das kindisch klingt, aber sind Erwachsene in dieser Hinsicht tatsächlich anders?

Lassen Sie sich nicht regelmäßig auf überraschende Wendungen ein? Werden Sie nicht häufig in die Tragödie eines anderen Menschen hineingezogen? Es ist schwierig, sich nicht ködern zu lassen. Sie glauben die Prämisse ihrer Geschichte, wie auch immer sie sein mag, und verpflichten sich dem Aberwitz. Es passiert eben.

Kinder benutzen ihre erstaunliche Fantasie zum Spaß. Für sie ist es großartig, sich in einer imaginären Welt zu befinden und völlig an sie zu glauben. In Gesellschaft anderer begeisterter Kinder können sie eine aufregende Fahrt antreten. Aber sich allzu lange in der Fantasiewelt aufzuhalten, ist kraftraubend, sogar für Kinder. Nach einem Nachmittag der Verstellung sind die Kinder erleichtert, zum Abendessen nach Hause zu eilen und anschließend in ihr warmes Bett zu fallen. Auch wir Erwachsene müssen zurück zu uns selbst gerufen werden. Ob jung oder alt, keiner will für immer in einen Turm eingesperrt sein, auch wenn er anfangs noch so magisch erschienen sein mag.

Ich bitte Sie, darauf zu achten, worin Sie Ihr Vertrauen setzen, und Veränderungen vorzunehmen, falls erforderlich. Der gesunde Menschenverstand sagt Ihnen, dass Sie *sich selbst* vertrauen sollten. Belügen Sie sich nicht wegen einer idyllischen Vorstellung. Es reicht nicht, sich die Fantasie einzugestehen; Sie müssen sich selbst aufwecken. Beobachten Sie, wohin eine schlechte Geschichte Sie führt, und ändern Sie Ihren Kurs. Sagen Sie Nein zum Drama. Tragen Sie den Sieg über die Angst davon. Schützen Sie sich vor Ihren eigenen Schmähungen; niemand kann das für Sie tun.

Lampenfieber

Ich bin davon überzeugt, dass Sie den Widerstreit zwischen dem Wunsch, sich einzufügen, und dem Mut, authentisch zu sein, gefühlt haben. Sie haben gezögert, einen anderen Weg einzuschlagen. Sie hatten Angst, einen unliebsamen Kommentar abzugeben. Sie kennen die Angst davor, sich dem Publikum zu stellen und sich der Kritik auszusetzen.

Manchmal ist die Situation nicht so öffentlich. So war Ihnen zum Beispiel bange vor einem ersten Date oder einem Bewerbungsgespräch. Sie haben sich wegen einer Hausaufgabe oder einer bevorstehenden Geschäftsreise verrückt gemacht. Sie hatten Angst vor der Konfrontation mit einem Freund oder dem Bruch mit einem Partner.

Die Angst vor Kritik kann Ihre kreativsten Impulse ersticken, sie kann bewirken, dass Sie sich selbst zuwiderhandeln.

Vielleicht haben Sie auch die Angst erlebt, buchstäblich auf einer Bühne zu stehen, vor einem richtigen Publikum. In diesem Fall waren Ihre Kritiker Hunderte von Fremden. Sie hatten die richtigen Werkzeuge zur Verfügung – Ihr Gesicht, Ihre Stimme und Ihre Botschaft –, aber unter den prüfenden Blicken Ihres Publikums schienen diese Werkzeuge unzulänglich zu sein. Vielleicht wurde der Traum, nackt auf der Bühne zu stehen und verspottet zu werden, real. Falls ja, wurde Ihre Arbeit durch Angst verdorben. Das kann jedem Künstler und jeder Künstlerin passieren.

Ihr Leben ist Ihre Kunst, und das Kunstwerk, das Sie schaffen, muss irgendwann der Welt dargeboten werden. Maler müssen ihre Werke ausstellen, obwohl sie damit Ablehnung riskieren. Schauspieler müssen auf die Bühne treten. Musiker müssen ihr Herz einer wankelmütigen Zuhörerschaft öffnen. Comedians müssen Zwischenrufern die Stirn bieten.

Aber was haben all diese Herausforderungen mit Ihnen zu tun? So gut wie alles.

Sie sind häufig exponiert, wenn nicht sogar die meiste Zeit. Sie zeigen Ihre Kunst regelmäßig Ihren Kollegen und Familienmitgliedern. Ihre Talente unterliegen täglich einer genauen

Prüfung. Sie üben und proben für jede bevorstehende Show, bekommen aber trotzdem das große Zittern. In einsamen Augenblicken stellen Sie sich das allerschlimmste Ergebnis vor.

Es mag also an der Zeit sein, das Leben aus einer anderen Perspektive zu betrachten. Ihr Leben ist ein fortgesetzter Traum, und der Traum verändert sich, wenn sich Ihre Wahrnehmungen ändern. Andere Menschen performen auf ihren kleinen Bühnen und versuchen, ihrem eigenen Publikum zu gefallen. Beobachten Sie sie in Aktion. Erkennen Sie, wie die Angst ihre besten Instinkte erstickt und ihre Kritik an Ihnen ihre eigenen Unsicherheiten widerspiegelt. Befürchten Sie nicht, dass man Sie ablehnt. Viel wichtiger ist, wahrzunehmen, dass Sie sich selbst ablehnen.

Berufsschauspieler verdienen größte Anerkennung, weil sie sich ihren Ängsten stellen. Abend für Abend wagen sie sich auf die Bühne und setzen ihren Ruf aufs Spiel. Nun, Amateure wie Sie tun das Gleiche. Sie ergreifen Tag für Tag ähnliche Chancen. Sie machen sich auf ein eventuelles Scheitern gefasst, wie es jeder Künstler tut. Sie riskieren es, verspottet zu werden. Sie stellen sich zur Schau und wappnen sich für die Konsequenzen. Im Lauf Ihrer beruflichen Entwicklung haben Sie viele kleine Tode erlitten, sich aber viele Male wieder erholt und Ihre Kunst sogar verbessert.

Gönnen Sie sich einen Augenblick, um die traumhafte Beschaffenheit Ihres Lebens zu erkennen. Stellen Sie sich vor, wie Sie auf der Bühne stehen, angestrahlt von den Scheinwerfern. Wer beobachtet Sie? Schenkt Ihnen überhaupt jemand Aufmerksamkeit? Ihre Ängste scheinen überwältigend zu sein, aber Sie stellen sich ihnen und überwinden sie. Angst ist häufig eine kreative Entscheidung, ein Zubehör. Entscheiden Sie sich stattdessen für Mut und Humor. Wählen Sie Selbstvertrauen. Seien

Sie auf Ihre Weise schöpferisch. Noch bevor Sie diesen Campus verlassen, haben Sie die Chance, es zur Meisterschaft zu bringen. Auch diese Option steht Ihnen offen.

Ausnahmslos alle Ihre Bekannten mussten Angst überwinden. Sie können den Menschen, die Sie lieben, als Beispiel vorangehen. Achten Sie auf die Truppe, Ihr Unterstützerteam. Gegenseitiges Vertrauen steht bei uns allen auf der Wunschliste. Freuen Sie sich über das Ensemble. Geben Sie Ihren Kollegen die Möglichkeit, Sie kennenzulernen. Lernen Sie sie kennen und unterstützen Sie sie bei ihrem Spiel.

Sehen Sie die Menschen als die Künstler, die sie sind. Beobachten Sie, wie sie sich für ihre Rollen engagieren. Beachten Sie die Motivationen ihrer Figuren sowie ihre Stärken und Unzulänglichkeiten. Schätzen Sie sie so, wie sie sind. Fördern Sie ihre Kunst, egal welcher Art sie ist; Ihre Aufmerksamkeit spielt eine große Rolle, zeigen Sie ihnen also das beste Spiegelbild ihrer selbst. Seien Sie für die Menschen in Ihrem Leben da und trauen Sie ihnen zu, das Gleiche für Sie zu tun.

Liebe als Motivation

Einfach gesagt: Es ist die Motivation, die einen Schauspieler bzw. eine Schauspielerin auf der Bühne antreibt.

Was treibt uns gewöhnliche Menschen dazu, zu tun, was wir tun? Das lässt sich nur schwer sagen, da unser Verhalten häufig automatisch erfolgt. Wir verwenden nicht viele Gedanken auf unsere Aktionen oder Reaktionen. Wir irren ziellos über die Bühne und füllen unangenehme Momente der Stille mit Lärm.

Berufsschauspieler hingegen planen ihre Bewegungen ganz genau. Sie und ich, wir stellen keine Fragen wie »Warum habe ich mich hingesetzt und warum bin ich wieder aufgestanden?«. Wir fragen uns nicht, warum wir dem Publikum den Rücken gekehrt oder uns plötzlich nach links bewegt haben. Wir bemerken nicht jedes Neigen des Kopfes oder Stirnrunzeln. Schauspieler bedienen sich sparsamer Gesten, um dem Publikum etwas mitzuteilen. Sie setzen ihren Körper, ihr Instrument, bewusst ein. Und wie steht es mit uns? Nun, wir sind uns dieser Dinge nicht so bewusst, was aber nicht bedeutet, dass wir nicht motiviert wären.

Bei Ihrer täglichen Routine reiht sich eine Szene an die andere, und Unterhaltungen wiederholen sich (ähnlich wie bei einer Seifenoper im Fernsehen). Sie sind nicht sicher, *warum* Sie sagen, was Sie sagen. Sie können nicht immer erklären, was Sie motiviert, das zu tun, was Sie tun. Etwas treibt Sie. Etwas zwingt Sie, unterschiedliche Rollen in unterschiedlichen Szenarien für unterschiedliche Menschen zu spielen. Gemäß einem unausgesprochenen Bedürfnis wählen Sie Ihre Stimmung aus.

Sie benehmen sich gegenüber einer Person wie ein Baby und schreien nach dem, was Sie wollen. Gegenüber einer anderen Person sind Sie sanft und verführerisch; wieder einer weiteren Person gegenüber sind Sie unbeherrscht und konkurrenzbetont. Sie sind entweder das gute oder das böse Kind. Sie sind der Märtyrer, der Mediator oder der Dummkopf. All das sind schauspielerische Optionen. Gewöhnlich gibt es einen Ansporn zu dem jeweiligen Verhalten – vielleicht das Bedürfnis, anerkannt oder gelobt oder einfach nur wahrgenommen zu werden. Was auch immer es sein mag, das Ergebnis ist, dass Sie bekommen, was Sie wollen.

Wenn Sie eine Rolle spielen, treffen Sie bewusste Entscheidungen. Sie handeln aus bestimmten Gründen, ob Sie es zugeben oder nicht. Haben Sie sich irgendwann in letzter Zeit Gedanken über diese Gründe gemacht? Was zum Beispiel hat Sie hierhergebracht? Warum besuchen Sie diesen Unterricht? Wie sollte sich Ihre Welt, Ihrem Wunsch entsprechend, ändern und wie sehr engagieren Sie sich dafür, dass diese Veränderungen stattfinden? Wie stark ist Ihr Wille, das Drama in Ihrem Leben zu beenden?

Scharfsinnige Schauspieler suchen nicht nach Motivation, um einfach auf der Bühne zu stehen, sondern um zum Kern einer Szene vorzudringen. Sie finden die Seele einer Figur mithilfe von Empathie und nicht, indem sie urteilen. Es ist auch Ihre Aufgabe, die Motivation hinter Ihrem Handeln und Ihren Worten zu verstehen, ohne zu urteilen. Wenn Sie das begriffen haben, können Sie Ihr Handeln auf Ihre derzeitige Identität abstimmen und nicht auf die Rolle, die Sie gewöhnlich spielten. Sie können jetzt, in diesem Augenblick, handeln und sich den Schmerz künftigen Bedauerns ersparen. Sie können es zulassen, dass Ihre nächste und übernächste Entscheidung von Liebe geleitet werden.

Die Liebe ist die überzeugendste Motivation eines jeden Künstlers. Nehmen Sie die Einstellung Ihrer Figur zur Liebe genau in Augenschein. Vielleicht ist es an der Zeit, einige überholte Vorstellungen über dieses Thema zu aktualisieren. Vielleicht beschließen Sie sogar, diese Vorstellungen zu begraben. Fühlt sich Liebe für Sie gefährlich an? Ist sie Ihnen schon immer beängstigend vorgekommen? Machen Sie sich Sorgen, Sie könnten die Kontrolle verlieren? Glauben Sie, dass Sie vielleicht schwach oder töricht erscheinen, wenn Sie jemanden lieben? Falls ja, dann vergessen Sie diese Vorstellung. Angst vor der Liebe zu haben, ergibt überhaupt keinen Sinn.

Liebe ist im Grunde genommen einfach, aber wir machen sie oft kompliziert. Unser Verhältnis zur Liebe ist durch Verwirrung und Widerstand geprägt. Das erinnert sehr an unser Verhältnis zu uns selbst; wir zögern, jemandem zu nah zu sein oder zu intensive Gefühle zu entwickeln. Es wurde uns beigebracht, die Liebe als bloßes Gefühl zu sehen – vielleicht sogar als eines, das hinderlich und schwächend ist.

Wie jedem guten Schauspieler gefällt es Ihnen vielleicht, aus der Liebe ein Riesendrama zu machen – oder einen Scherz. Wenn Sie Liebe nur vortäuschen, verwandelt sie sich schnell in Hass. Vielleicht gelingt es Ihnen, die Welt mit Ihrer Performance zu täuschen, aber die Welt spielt keine Rolle. Sie selbst sind von Bedeutung; und Ihr Glück wird dadurch bestimmt, wie Sie lieben.

Das Problem ist: Nur wenigen von uns wurde beigebracht, was es mit der Liebe auf sich hat. Unser Verhältnis zur Liebe ist behaftet mit Widersprüchen. Wir schenken ihr nicht wirklich Vertrauen. Wir schreiben Lieder über sie, heben sie in den Himmel, doch dann machen wir die Liebe für all unsere Probleme verantwortlich. Wir behaupten, die Liebe sei wankelmütig, mache blind, und dennoch sehnen wir uns nach ihr.

Wir schwören ewige Liebe, sofern nicht etwas eintritt, was unsere Meinung ändert. Liebe überwindet alles, je nach Situation. Die Liebe ist alles, was wir brauchen – vielleicht. Man kann mit Sicherheit sagen, dass die meisten von uns gelernt haben, mit Zweifeln und Bedingungen zu lieben.

Vielleicht haben Sie sich selbst sagen hören, dass Sie nicht lieben können oder keine Liebe verdient haben. Aber das sind Geschichten, die Sie einst vor Schmerz bewahren sollten. Jetzt brauchen Sie sie nicht mehr. Mag sein, Sie sind der Meinung, die Liebe sei an Ihrem Unglück schuld, aber damit belügen Sie sich selbst. *Das, was Sie glauben,* macht Sie unglücklich.

Vergessen Sie einen Moment lang Ihre Vorstellung von Liebe. Stellen Sie sich die Liebe als die vereinte Kraft aller Gefühle vor. Betrachten Sie die Liebe als Energie, mächtig und schöpferisch. Sie verkörpern diese Kraft inmitten der Materie. Die Liebe ist genauso ein Teil von Ihnen wie die Atome Ihres Körpers.

Nur selten werden wir mit der kompromisslosen Autorität der Liebe konfrontiert, und dafür gibt es einen Grund. Während Sie durchs Leben gehen, treffen Sie lediglich auf Widerspiegelungen der Liebe. Eine Spiegelung ist nicht identisch mit der Sache selbst. Ihr Leben lang haben Sie verzerrte Abbilder der Liebe beobachtet und haben die Liebe auf dieselbe Weise widergespiegelt. Sie entscheiden, wie intensiv Sie den Risiken entsprechend lieben wollen.

Tatsächlich haben wir in puncto Liebe keine Wahl. Unser Verstand kann sie ablehnen, aber er hat keine Chance gegen die Liebe. Für einen Künstler ist die Liebe der Hauptanreiz. Wenn Sie kreativ tätig sind, verlieren Sie aus den Augen, wer Sie selbst sind. Sie überlassen sich dem Leben. Wenn Sie im Begriff sind, etwas zu schaffen – einen Gegenstand, einen Plan oder ein Andenken –, führt immer die Liebe Regie.

Sie wissen bereits, wie es sich anfühlt, sich zu ergeben. Wenn Sie zum Beispiel mit jemandem »Liebe machen«, lassen Sie all Ihre Ängste los – Sie vergessen alle Rollen, die Sie je gespielt haben. Wenn Sie schöpferisch tätig sind, vergessen Sie auch, für wen Sie gehalten werden. Bei der Gestaltung schöner Dinge aus dem Rohmaterial des Lebens ist das Geheimnisvolle Ihre Antriebskraft. Beim Singen oder Tanzen haben Sie das Gefühl, die Energie selbst zu sein. Energie ist die Kraft der Liebe.

Die Liebe wird Ihnen nicht wehtun, doch wenn Sie sie verdrängen oder wegstoßen, wird Sie das schmerzen. Wenn Sie glauben, ein Opfer der Liebe zu sein, wird Ihnen das wehtun. So wie jedem Künstler und jeder Künstlerin fehlt es Ihnen vermutlich gelegentlich an Inspiration. Sie leiden unter mangelnder Aufmerksamkeit, Sie hungern nach Lob. Ja, es gibt Zeiten, in denen Sie sich von der Liebe, vom Leben betrogen fühlten. Doch diese Geschichten können Sie hinter sich lassen. Sie kennen jetzt die Wahrheit: Sie selbst sind Ihre beste Liebesquelle.

Im Verlauf Ihrer Reise haben Sie sich selbst davon überzeugt, an Lügen zu glauben. Sie haben sowohl schlechte als auch brillante Entscheidungen getroffen. Und auf diese Weise haben Sie sich weiterentwickelt. Werden Sie sich dessen bewusst und feiern Sie Ihr außergewöhnliches Leben. Wenn es um künstlerisches Flair geht, ist niemand so hervorragend wie Sie. Niemand ist so inspiriert wie Sie. Niemand liebt so furchtlos, wie Sie es gerade tun.

Wen kümmert es, was die Kritiker meinen? Überlassen Sie sich Ihren besten künstlerischen Instinkten. Nehmen Sie sich vor, ein Meisterwerk zu schaffen, und erfüllen Sie es jeden Tag mit Liebe.

Warum spielt all das eine Rolle?

Wie wir alle, so sind auch Sie auf der Welt, um das Leben zu genießen. Das Problem ist, dass Sie in das Drama hineingezogen werden. Wer kann Ihnen das verübeln? Die Prüfungen und Schwierigkeiten des menschlichen Lebens erfordern Ihre volle Aufmerksamkeit. Besonders schwierig ist es, dem Melodrama zu widerstehen, das sich in Ihrem Kopf abspielt – mit seiner renitenten Besetzung und den unlogischen Handlungssträngen.

Ihr Kopf ersinnt eine eigene Seifenoper und stellt eine gute Show auf die Beine – zu gut, könnte man sagen. Er produziert ein Drama, das Ihre Ängste und Zweifel schürt. Und dieses Drama neigt dazu, auf die reale Welt überzugreifen und alle, die Sie lieben, in Mitleidenschaft zu ziehen. Deren Reaktionen können genauso dramatisch sein und noch mehr Angst und Zweifel hervorrufen. Und so geht die Show weiter.

Wir alle wollen Aufmerksamkeit erheischen, aber einige Menschen gewinnen Aufmerksamkeit durch Störungen und Chaos. Sollten Sie das Gefühl haben, einer dieser Menschen zu sein, dann erwägen Sie, ein anderes Rollenheft für sich selbst zu schreiben. Erwägen Sie, dem Stück und den Mitwirkenden mehr Respekt zu zollen. Zu viel Nachgiebigkeit gegen sich selbst verursacht unnötigen Schmerz. Auf lange Sicht werden Sie mehr unter dem Schmerz leiden als jeder andere.

Nehmen Sie Ihre eigenen dramatischen Exzesse wahr. Sie sind weder das Opfer Ihrer Kunst noch das bedrängte Publikum, das sich benutzt und betrogen fühlt und unbedingt sein Geld zurückhaben will. Sie sind der Schauspieler, Choreograf und Bühnenbildner Ihrer eigenen Produktion. Sie führen auch Regie, produzieren und kontrollieren die Qualität Ihres Materials. Ihre Wutanfälle sind nicht förderlich für den Schöpfungsprozess, und Selbstmitleid spiegelt Ihre Genialität nicht wider.

Auf den ersten Blick erscheint es unmöglich, künstlerische Brillanz zu erlangen, aber vergessen Sie nicht, dass Sie seit Jahrzehnten an Ihrem Meisterwerk arbeiten. Ihr Leben lang haben Sie neue Methoden kennengelernt, haben sie geübt und ausprobiert. Ihre besonderen Fähigkeiten zeigen sich in dem, was Sie gerne tun. Die Kunst ist eine Hommage an das Leben. Künstlerische Vortrefflichkeit ist eine endlose Odyssee. Hören Sie jetzt nicht auf!

Wenn wir zu erkunden aufhören, beenden wir unser Wachstum als Künstler. Wir lernen nicht dazu, wenn wir nur eingefahrenen Pfaden mit derselben Szenerie folgen. Wir schaffen unser eigenes Meisterwerk, indem wir uns einen anderen Weg bahnen. »Ein Meisterwerk? Machen Sie Scherze?«, wenden Sie vielleicht ein. »Wen interessiert das schon? Und warum sollte es eine Rolle spielen?«

Warum? Nun, Sie sind viel glücklicher, wenn Sie etwas tun, was Sie beherrschen. Es macht Sie glücklicher, produktiv zu sein. Wenn Sie nicht gegen Druck von außen ankämpfen müssen, können Sie damit anfangen, sich selbst zu lieben, und das ist von Bedeutung. Ihre Kunst ist wichtig. Ihre authentische Präsenz ist für das Leben der Menschen in Ihrem Umfeld wichtig.

Bedenken Sie bei der Vorbereitung auf Ihre nächste Rolle oder bei der Planung Ihrer nächsten Werbetour die Energie, die Sie aufwenden, um für das Leben zu proben, statt es zu leben. Überlegen Sie, wie viel Zeit Sie damit verbringen, von der Liebe zu träumen, statt die Macht der Liebe in die Tat umzusetzen. Die Liebe ist Ihr beständigstes Vermächtnis. Sie wurde verhindert und aufgeschoben, und nun besteht die Herausforderung darin, sie zurückzuholen.

Wo beginne ich?

Halten Sie sich vor Augen, dass wir alle schauspielern und es nicht wissen. Wir spielen unterschiedliche Rollen für unterschiedliche Menschen in unterschiedlichen Situationen. Sie und ich, wir sind keine Berufsschauspieler, aber man hat uns beigebracht, zu gefallen und uns an die Anweisungen zu halten.

Schon sehr früh lehrte man uns, je nach Situation auf die eine oder andere Art zu agieren. Nichts daran ist richtig oder falsch; es ist lediglich eine Tatsache. Kinder müssen sich ihrer eigenen Sicherheit zuliebe einfügen. Sie müssen sich der Gesellschaft und den kulturellen Besonderheiten anpassen. Und die Gewohnheit des Anpassens pflegen wir, bis wir erwachsen sind.

Wie sieht Authentizität aus, wenn sie aktiv umgesetzt wird? Wir hören mit dem Kampf auf, uns vorzustellen, wie Menschen uns beurteilen. Wir scheuen uns nicht, unsere eigene einmalige Sicht der Dinge anzubieten. Unsere Reaktionen sind dann die Folge unserer Wahrnehmungen, nicht unserer Geschichten. Wir sind präsent, sensibilisiert und reagieren auf den Augenblick.

Ehrlichkeit und Spontaneität waren uns allen von Natur aus zu eigen, auch Ihnen. Als Kind waren Sie völlig authentisch. Aber was einst instinktiv erfolgte, erfordert jetzt eventuell etwas Übung. Vielleicht haben Sie vergessen, wie man spontan reagiert, und es wird viel Praxis benötigen, um sich selbst davon zu überzeugen, dass Sie nicht daran sterben, wenn Sie *keine Rolle spielen.*

»Keine Rolle spielen« bedeutet nicht, so zu agieren, als würden Sie es nicht tun. Wie jeder gute Berufsschauspieler können Sie erkennen, dass Sie performen, obwohl Sie gerade kostbare Augenblicke der Wahrheit genießen. Sie können unterscheiden zwischen Zeiten, in denen Sie das sein müssen, was die Menschen von Ihnen erwarten, und solchen, in denen Sie nur *sein* müssen.

Sie können die Rollen anderer Menschen respektieren und sich gleichzeitig entscheiden, ganz natürlich und echt zu sein. Sie sind anders als die anderen. Ihr Gehirn funktioniert nicht wie das eines anderen Menschen, und Ihr Körper sieht nicht so aus wie der eines anderen. Ihre Erinnerungen unterscheiden sich von denen anderer, und Ihre Deutungen der Erinnerungen werden durch Ihre eigenen Überzeugungen gefiltert. In diesem Leben spielen Sie die Mutterrolle oder Vaterrolle oder die des fürsorglichen Freunds; Sie spielen die Ehefrau, den Ehemann, den Liebhaber. Das sind vorhersehbare Rollen, aber Sie stellen sie auf Ihre Weise dar.

Professionelle Schauspieler finden eine Möglichkeit, in vorhersehbaren Rollen authentisch zu sein. Wenn Sie für jemanden einspringen, werden Sie die Figur nicht genauso darstellen, wie es zuvor der Fall war. Sie werden kaum eine andere Performance nachahmen, auch wenn diese noch so begeistert vom Publikum aufgenommen wurde. Sie müssen in die Rolle, die Sie spielen, so viel wie möglich von sich einbringen.

In Shakespeares berühmter Tragödie sind Romeo und Julia die Hauptfiguren. Jeder junge Schauspieler, der den Romeo darstellt, tut es auf seine Weise. Jede Schauspielerin in der Rolle der Julia wird sie so spielen, wie sie sich Julia vorstellt. Jede Auslegung ist gültig. Jede Charakterisierung ist einzigartig, weil die Wahrnehmung und das Verhalten der Schauspieler unterschiedlich sind.

Gilt das auch für uns? Füllen wir unsere Handlungen mit unserem einmaligen Stil und unserer Vorstellung oder spiegeln wir eine Aufführung wider, die wir gesehen und bewundert haben? Ahmen wir die Reaktionen von Menschen nach, die uns nahestehen? Verwenden wir die gleichen Sätze und vollziehen wir ähnliche Gesten? Gewöhnlich stellen wir uns diese Fragen nicht.

Nur Sie allein wissen, ob Sie Ihren eigenen Instinkten folgen. Nur Sie können entscheiden, ungekünstelt durchs Leben zu gehen. Es ist wichtig, sich daran zu erinnern, dass Sie eine

Wahl haben. In jeder Situation können Sie entscheiden, ob Sie eine vertraute Rolle annehmen oder ablegen wollen. In jedem Moment Ihres Lebens können Sie entscheiden, ob Sie sich hinter einer Maske verstecken oder ob Sie sie abnehmen und aufhören wollen, eine Rolle zu spielen.

So oder so haben die anderen vielleicht nach wie vor im Blick, was Sie tun, und sehen eine Performance, doch ohne Maske werden Sie sich befreit fühlen. Wenn Sie keine Rolle spielen müssen, werden Sie sich besser kennenlernen. Sie können Ihre Wahrhaftigkeit respektieren – deren Manifestationen und Geheimnisse. Sie können sich entscheiden, Ihre Talente bewusst zu nutzen. Wenn sich eine Darbietung erübrigt, können Sie auf Verstellung verzichten und die Show beenden.

Seit Langem sind Sie dem Zauber Ihrer eigenen Figur erlegen. Die Geschichten, die Sie über sich erzählen, entsprechen nicht der Wahrheit. Sie entsprechen Ihrer besonderen Kunst, und Sie investieren viel in Ihre Kunst. Sie investieren so viel in Ihre Geschichten, dass sie wahr erscheinen. Tatsächlich beugt sich Ihr Körper Ihren Geschichten. Ihre Gemütslagen, Ihre Haltung und Ihre Vorurteile werden von Geschichten untermauert, die Ihnen von anderen Menschen übermittelt wurden.

Aber Geschichten können sich verändern. Sie können das Rollenheft neu schreiben und die nächste Aufführung absagen. Sie können alles in sich aufnehmen – die Menschen, die Unterhaltungen und das Drama – und alles so genießen, wie es ist. Sie können Ihre Geschichten durch Handeln ersetzen. Gute Schauspieler lieben es, Dinge zu *tun,* selbst wenn sie jede Menge Dialoge rezitieren müssen. Die Umstände in einem Theaterstück oder in einem Film mögen festgelegt sein, doch ein Schauspieler muss den Willen aufbringen, auf diese Umstände zu reagieren. Und das müssen Sie ebenfalls.

Wir alle wünschen uns, dass jeder unserer Momente zählt. Wir wollen die volle Aufmerksamkeit anderer genießen, und sei es nur kurz. Wir wollen selbst auch aufmerksamer sein und uns jeweils auf nur eine Sache konzentrieren. Vor allem aber wollen wir nicht theoretisieren, sondern handeln, und dafür müssen wir unseren Willen einsetzen.

Ich erinnere Sie daran, dass Ihr Wille eine großartige Kraft darstellt. Er ist Ihre Superkraft. Ja, Sie haben die Verantwortung, ihn mit Bedacht zu nutzen, aber vielleicht haben Sie vergessen, ihn überhaupt zu nutzen. So wie einige Schauspieler es sich erlauben, blasiert zu sein, lassen wir uns oft von jemandem mit einem stärkeren Willen kontrollieren. Wir sind zu träge, um zu agieren. Wir überlassen es anderen, künstlerische Entscheidungen für uns zu treffen und sogar die Verantwortung für unsere eigene Produktion zu übernehmen. Wir geben unseren Willen auf.

Ich gebe Ihnen folgende Hausaufgabe: Trainieren Sie Ihren Willen. Spüren Sie seine Kraft und lenken Sie ihn. Verwandeln Sie Energie in etwas Konkretes. Machen Sie aus »nichts« etwas Wunderbares. Ihr Wille ist Ihre Kraft. Verfügen Sie voller Freude darüber.

Notizen zum 3. Tag

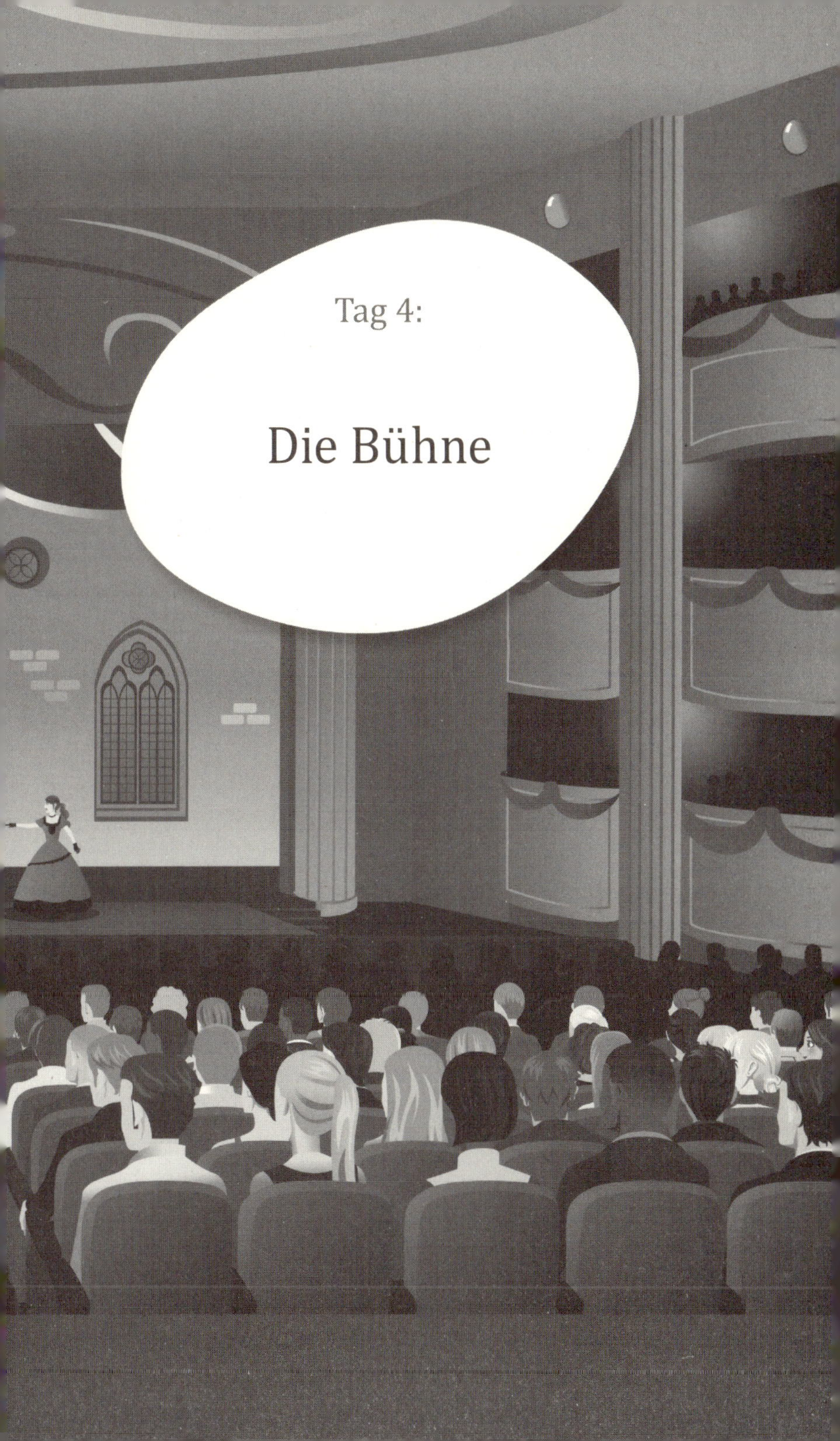
Tag 4:
Die Bühne

»Die ganze Welt ist Bühne.
Und alle Frau'n und Männer bloße Spieler.
Sie treten auf und gehen wieder ab,
Sein Leben lang spielt einer manche Rollen ...«

William Shakespeare

Wie beruhigend es ist, Sie wiederzusehen, bereit, noch mehr Geheimnisse zu lösen. Beachten Sie, dass Sie Ihren Willen eingesetzt haben, um heute Morgen hierher zu kommen. Sie sind *gewillt,* mehr zu lernen, mehr zu sehen und Ihre Neugier sinnvoll zu nutzen. Lassen Sie uns sehen, wohin Ihr Wille und mein Wille uns jetzt führen werden.

Shakespeare führte auf seine vortreffliche Art aus, was die meisten Menschen bereits als wahr erkannt haben: Wir spielen die Rollen, die man von uns erwartet. Wir beginnen, wie er schrieb, als Kleinkinder und wachsen zu widerwilligen Studenten heran. Im Lauf der Zeit werden wir zu seufzenden Liebhabern, Soldaten und angesehenen Mitgliedern der Gesellschaft. Und schließlich sind wir alt. Wir beenden unser Leben wieder genauso schwach wie Babys, hilflos und geheimnisumwoben. »Diese seltsame ereignisreiche Geschichte« teilen wir alle. Wir versehen jede Rolle mit unserem eigenen Stil und betreten irgendeine Bühne unserer Wahl. Und das ist das Stichwort für unser nächstes Thema: die Bühne.

Die Bühne ist die natürliche Umgebung eines jeden Schauspielers. Heute werden Sie sich diesen Schauplatz größer vorstellen, als ein Darsteller ihn mit ein paar Schritten überqueren kann. Für Sie und den Rest der Menschheit umfasst die Bühne die Länge und Breite der Erde. Ihre Darbietung bezieht sich auf die künstlerischen Entscheidungen, die Sie seit Ihrer Geburt getroffen haben.

Dieser Planet ist die Bühne, die Sie vor Jahrzehnten betreten haben. Vielleicht erscheinen Ihnen jetzt die Ereignisse Ihres Lebens verschwommen, aber heute haben Sie die Chance, sich daran zu erinnern. Sie werden erkennen, wie Ihre Vergangenheit Sie gezielt zu diesem Augenblick geführt hat. Indem Sie sich daran erinnern, wo Sie gewesen sind, können Sie bewusst alle künftigen Autofahrten planen.

Die Anfertigung von Landkarten veränderte das Los der Menschen; diese Übung kann Ihres verändern. Stellen Sie sich Ihre Reisen durchs Leben – Ihre Geschichte der Optionen und Entscheidungen – als Roadmap vor. Betrachten Sie sie als kartierte Route, deren Ausgangspunkt Ihre Geburt ist. Es ist ein langer, gewundener Weg von dort aus, den man sich aber gut vorstellen kann, sobald man gestartet ist.

Vermutlich frühstücken Sie in einem Imbiss am Straßenrand. Man reicht Ihnen eine Speisekarte, Besteck und ein Tischset, auf dem Spiele abgebildet sind. Eines davon stellt ein Labyrinth dar. Um sich darin zurechtzufinden, zeichnen Sie eine Linie vom Eingang des Labyrinths bis zum Ausgang auf der anderen Seite. Selbst solche kleinen Spiele können herausfordernd sein. Einige Wege enden schnell. Andere führen zum Anfang zurück. Wieder andere münden in andere Wege, die nirgendwohin führen. Nur ein Weg führt aus dem Labyrinth heraus.

Ihre Lebensreise ist weitaus komplizierter als ein Kinderspiel, umfasst jedoch ähnliche Kurven und Wendungen. Also, nur zu: Stellen Sie sich vor, Ihr Leben wäre in groben Zügen auf einem Blatt Papier dargestellt worden, und zwar als Labyrinth. Beachten Sie die Sackgassen und Spitzkehren – die Ergebnisse Ihrer weniger erfolgreichen Entscheidungen. Erinnern Sie sich an die Strecken, auf denen alles geschmeidig abzulaufen schien. Gestalten Sie das Spiel genauso kompliziert, wie Ihr Lebensweg verlaufen ist, aber denken Sie daran: Es gibt nur *einen* Eingang und *einen* Ausgang.

Das Labyrinth

Ihr Labyrinth nahm Form an, als Ihre Mutter Sie zur Welt brachte. Damals wurden Entscheidungen für Sie getroffen, bis Sie alt genug waren, sie selbst zu fällen. Sie gingen unaufhörlich vorwärts. Es gab Wege, von denen Sie sich wünschten, Sie hätten sie gemieden, und Wege, die Sie ohne Zögern und ohne Bedauern einschlugen. Auf jeden Fall gingen Sie kontinuierlich weiter.

Sie hielten sich an die Roadmap einer anderen Person oder schlugen sich alleine durch und stießen auf eine Reihe zufälliger Wegbiegungen. So oder so gingen Sie immer weiter. Wie ein Tourist, der sich über seine Urlaubsfotos freut, können Sie jetzt sehen, wohin Sie sich während Ihres hiesigen Aufenthalts begaben und wie viel Spaß Sie hatten.

Wenn Sie den Weg in eine gerade Linie verwandeln, lässt sich der Weg, den Sie gewählt haben, noch leichter zurückverfolgen. Versuchen Sie Folgendes: Stellen Sie sich das Labyrinth als einen Highway vor, der sich über eine ganze Karte erstreckt. Verfolgen Sie erneut Ihren Lebensweg. Tun Sie heute Abend Folgendes: Zeichnen Sie eine gerade Linie auf ein großes Blatt Papier. Der Ausgangspunkt der Linie markiert Ihren Geburtszeitpunkt und das Ende diesen Augenblick.

Kennzeichnen Sie durch kleine »x« die wichtigsten Ereignisse in Ihrem Leben und benennen Sie sie. Heben Sie auch die weniger wichtigen Ereignisse hervor. Vielleicht waren es Schlüsselmomente – Augenblicke, die Ihre Rollenbesetzung oder Ihre Motivation veränderten. Vielleicht haben diese »unbedeutenderen« Augenblicke Sie sogar gerettet und Ihren Aufenthalt im Labyrinth verlängert.

Erkennen Sie, wohin jede Entscheidung Sie geführt hat. Jetzt leuchten Ihnen diese Entscheidungen ein, eventuell anders als damals. Überlegen Sie, wie viele Querstraßen Sie hätten nehmen können, es aber nicht getan haben. Werden Sie sich bewusst, an welcher Stelle Sie einen anderen Kurs hätten einschlagen oder umkehren können. Erinnern Sie sich an die Leidenschaften, die Sie drängten, schneller oder langsamer zu werden. Und denken Sie an die Menschen, die Sie überredeten, an Ort und Stelle zu bleiben. Beachten Sie die Zeiten, in denen Sie abgelenkt wurden und zu lange zögerten. Keine Entscheidung war falsch; alle enthielten irgendeine wichtige Information, die Sie gerne schon vor Jahren gehabt hätten.

Jetzt können Sie Ihr Leben wieder als Labyrinth darstellen. Tun Sie es genauso detailliert und schenken Sie ihm die Aufmerksamkeit, die es verdient. Sie können sogar eine Geschichte dazu erzählen. Sie sind es gewöhnt, Ihre Geschichte in kleinen Teilen wiederzugeben; diese Übung gibt Ihnen die Möglichkeit, sie von Anfang bis Ende zu erzählen. Dadurch können Sie die emotional rauen Stellen glätten und offene Wunden heilen.

Jeder Vorfall ist Teil des komplexen Spiels, Puzzles oder Bildteppichs, die Ihr Leben als eine einzigartige Leistung erscheinen lassen. Rufen Sie sich die Stellen ins Gedächtnis, die einst emotional eine Herausforderung für Sie darstellten. Schließen Sie Frieden mit alten Verletzungen. Verzeihen Sie Menschen, von denen Sie gekränkt wurden. Vergeben Sie auch sich selbst. Ich bitte Sie dringend, es zu tun und dann Ihr Werk zu betrachten.

Was haben Sie herausgefunden? Wie hat dieser Vorgang Ihren Blickwinkel verändert? Ich weiß, dass es seltsam ist, seine eigene Geschichte zu studieren. Es ist nicht einfach, sein eigenes Leben objektiv zu untersuchen. Sie kennen sich mit dem Thema bereits gut aus, aber vermutlich haben Sie Ihr Leben noch nie vom Standpunkt eines überragenden Künstlers aus betrachtet. Tun Sie es jetzt. Treten Sie einen Schritt zurück und bewundern Sie Ihre Bemühungen. Gestehen Sie sich zu, verblüfft zu sein, so wie der Maler, wenn er seinen Pinsel zur Seite legt.

Ein verfilmtes Leben

Wenn Sie erlauben, werde ich die Metapher nun ein wenig verändern. Stellen Sie sich diese Linie auf dem Papier als einen Zelluloidstreifen vor, mit Aufnahmen der wichtigsten Ereignisse in Ihrem Leben. Es funktioniert wie ein Film: Er begann dramatisch, als Sie zum ersten Mal Luft holten und einatmeten. Dieser einfache Vorgang katapultierte Sie in den Menschheitstraum, in dem Ihre Begabungen Ihre Fähigkeit, zu überleben und zu gedeihen, bestimmen sollten. Was für ein Thriller!

Sehen Sie sich den Film von Anfang bis Ende an. Und vertiefen Sie sich in einige der Schlüsselszenen. Sie können in den Film eingreifen, ihn anhalten oder verlangsamen, wenn die Bilder zu schnell an Ihnen vorbeirauschen. Sie können sich auf eine unwichtig erscheinende Erinnerung fokussieren oder auf eine, die den Lauf der Dinge änderte. Sie können sich den Film völlig entspannt ansehen; es gibt nichts zu befürchten. Es handelt sich nur um eine Übung.

Wenn Sie Ihr Leben genau unter die Lupe nehmen, sollten Sie kein Bedauern empfinden. Es ist Ihre Saga, ja, aber sie ist sehr unterhaltsam und enthält viele Handlungssequenzen, so wie jeder Film. Sie ist eine Slapstickkomödie, eine Tragödie, eine Geschichte mit Moral. Genießen Sie alles. Lassen Sie sich nicht von unangenehmen Erinnerungen beunruhigen. Wundervolle Augenblicke, die für immer der Vergangenheit angehören, sollten Sie nicht betrüben. Sie studieren ja lediglich ein Spiel auf einem Tischset. Sie malen sich einen Film aus und sinnen darüber nach, welchen Kurs Sie künftig einschlagen sollen.

Sie können sich diesen Film auch anschauen, als wäre hier das Leben einer anderen Person dokumentiert – ein anderes Leben mit einem anderen Schauspieler, einer anderen Schauspielerin. Würdigen Sie die wechselnden Stimmungen. Machen Sie sich mit der Verrücktheit, aber auch der Monotonie vertraut. Fehler wurden begangen und Versprechen gebrochen; großer Kummer kam und verging. Versuchen Sie, jede Sequenz aus Ihrer derzeitigen Perspektive zu verstehen. Zeigen Sie vor allem Mitgefühl für die Hauptfigur.

Fragen Sie sich, wie andere Menschen den Film Ihres Lebens beurteilen würden – Menschen, die Sie gekannt und geliebt haben? Vermutlich würden sie die Hauptfigur mit anderen Augen betrachten. Und natürlich würden sie sich selbst gern darin sehen; sie würden gern in einer bedeutenden Rolle gezeigt werden. Würden Sie in ein benachbartes Kino gehen, in dem der

Film über das Leben von jemand anderem gezeigt würde, den Sie kennen, ginge es Ihnen ebenso. »Wo passe ich in diese Geschichte?«, würden Sie überlegen. »Wie notwendig bin ich für den Plot? Wie wertvoll bin ich für den Helden oder die Heldin?« Sie sind nur in Ihrem eigenen Film der Hauptdarsteller bzw. die Hauptdarstellerin, aber Sie wollen in den Geschichten anderer gut dargestellt werden; Sie wünschen sich, dass die anderen Ihre Bedeutung bestätigen. Sie würden gerne vermisst werden, wenn Sie die Bühne verlassen.

Wir sind eine umherziehende Truppe von Schauspielern und Künstlern, die sich auf einer sehr großen Bühne bewegen. Wir schlurfen ziellos umher oder marschieren mit ernster Entschlossenheit, aber wir alle bewegen uns fortwährend von den Scheinwerfern weg und treten aus dem Bilderrahmen heraus. Wir alle wissen, dass es einen Ausgang aus dem Labyrinth gibt, aber wir wissen nicht, wann wir darauf stoßen. Und natürlich werden wir alle ein Vermächtnis hinterlassen, eines, das aus der Sammlung von Gedächtnisbildern bestehen wird, die wir zurücklassen.

Wie wird Ihr Vermächtnis aussehen? Werden Sie inspirierende und tröstende Erinnerungen hinterlassen? Wie großzügig haben Sie Liebe verschenkt? Wie beherzt haben Sie sich für die Liebe geöffnet? Sie befinden sich immer noch auf dieser Reise und werden unterwegs noch weiteren Künstlern begegnen, die einen Eindruck von Ihnen mit auf ihren restlichen Lebensweg nehmen. Egal, wie alt oder jung Sie sind, Sie selbst bestimmen Ihr Vermächtnis, und es wird so lange bestehen, bis jede der Personen, die Sie kannten, nicht mehr am Leben ist.

Während Ihrer Bühnenlaufbahn haben Ihnen einige Ihrer Künstlerkollegen ihre Liebe und Unterstützung bekundet. Und Sie haben sich revanchiert. Sie verlassen sich auf andere, um Informationen über sich selbst zu erhalten. Vielleicht sind Sie anderer Meinung, was die Beurteilung Ihrer Person angeht, aber sich in den Augen einer anderen Person zu erkennen, ist sehr informativ. Es teilt Ihnen eine Menge über diese Menschen mit. Vielleicht erfahren Sie dadurch auch einiges über sich selbst, was Ihnen bisher unbekannt war. Und es gibt Ihnen auch Aufschluss darüber, in welcher Beziehung Sie zu den Menschen um sich herum stehen.

Eine klare Widerspiegelung kommt ohne Vorurteile oder Beurteilungen aus. Wenn Sie sich in den Augen eines Menschen wiederfinden, der Sie aufrichtig liebt, werden Sie inspiriert, im Hinblick auf Ihre Liebe großzügiger zu sein. Sie werden inspiriert, sich selbst mehr zu lieben. Gute Spiegelbilder und positives Feedback ermutigen Sie, als Künstler bzw. Künstlerin Ihr Bestes zu geben. Spiegelbilder sind womöglich der faszinierendste Teil des Menschentraums. Lassen Sie uns nun einen Blick auf die Geheimnisse der Widerspiegelung werfen.

Der Spiegelweg

Jedes Leben stellt eine einmalige Erfahrung dar, ungeachtet der Anzahl an Begleitern, die kommen und gehen. Stellen Sie sich erneut das Labyrinth vor. Während Sie es durchqueren, sind Sie allein, aber es gibt ja nicht nur Ihren Weg. Die gesamte Welt ist ein Labyrinth, in dem jedes Individuum seinen eigenen Weg verfolgt. In ein und derselben Welt leben wir in unterschiedlichen Realitäten, die aber parallel zueinander verlaufen und das Leben der jeweils anderen beeinflussen.

Ihre Eltern haben ihre eigene Reise unternommen und trafen aus unterschiedlichen Gründen verschiedene Entscheidungen.

Ihre Geschwister und Jugendfreunde schlugen ihre eigene Richtung ein. All Ihre Lehrer gelangten auf unterschiedlichen Wegen zur Ziellinie. Genau wie Ihre Reise wurden auch deren Reisen von Menschen geplant, von denen sie unterrichtet wurden. Natürlich zeichnete jemand anderer ihre Version der Karte, doch zwischen Ein- und Ausgang improvisierten sie. Sie verkündeten lautstark ihren eigenen Weg. Das taten auch Sie und werden es weiterhin tun, solange Ihre Reise währt.

Und wie lange wird das sein? Das Leben einiger Menschen umfasst fast hundert Jahre; manche leben sogar noch länger. Und einige Lebensläufe sind nur von kurzer Dauer. Während sich die meisten von uns noch immer im Zickzack durch das Labyrinth schlängeln, haben einige liebe Freunde es bereits verlassen. Das Leben jedes Einzelnen dreht sich darum, Geheimnisse zu lösen, und es gibt unzählige Möglichkeiten, dies zu tun. Wir begeben uns an den Ort, von dem wir angelockt werden. Wohin uns die Gefühle leiten, dorthin eilen wir. Wir bewegen uns in Richtungen, die unseren Interessen und unserer Neugier entsprechen, mit Begleitern, die uns auf dieser Reise beistehen.

Jeder, dem Sie begegnen, hat ein Bild von Ihnen, das er Ihnen widerspiegelt. Mit anderen Worten: Jeder Mensch ist ein Spiegel. Die Gänge Ihres Labyrinths sind von Spiegeln gesäumt. Wenn Sie auf diese Weise auf Ihr Leben blicken, können Sie die Art von Menschen sehen, die Sie fasziniert haben, und vielleicht erkennen, warum Sie von bestimmten Spiegelbildern angezogen und von anderen abgestoßen werden. Wenn Sie Ihre Freundschaften und Liebesgeschichten näher betrachten, sehen Sie Muster, die Sie bisher nicht erkannt haben.

Sicherlich kennen Sie Gartenlabyrinthe. Sie sind wie riesige Spiele in freier Natur, wo hohe Hecken ein System sich kreuzender Wege verdecken. In einem Gartenlabyrinth kann man sich leicht verirren, aber das gehört zum Nervenkitzel. Wenn Sie mit Ihrem oder Ihrer Liebsten durch das Labyrinth schlendern, empfinden Sie es als angenehm, sich zu verirren. Sie können in diesem Labyrinth verweilen, sich vor der Welt verstecken und ungestört die gemeinsame Zeit genießen. Alle Wege führen schließlich zu einem Ausgang, aber sobald man das Labyrinth betreten hat, kann man nicht mehr sagen, wo dieser Ausgang sein könnte.

Stellen Sie sich einfach vor, Ihr Labyrinth wäre von Spiegeln statt von Büschen und Bäumen gesäumt. Sie schlendern durch eine Welt, die Ihnen allerlei Bilder von sich selbst zeigt. Wohin Sie sich auch wenden, immer treffen Sie auf ein neues Spiegelbild. Auch Sie stellen für jeden, dem Sie begegnen, einen Spiegel dar. Der Punkt ist, Sie können sich selbst nicht exakt widerspiegeln. Sie können sich nicht wirklich in Aktion sehen, also verlassen Sie sich darauf, dass andere Sie widerspiegeln. Und das tun sie auch.

Andere Menschen sehen Sie durch ihre eigene Linse. Ihre Meinung über Sie geht einher mit ihren Vermutungen und Erwartungen. Da Sie bereits ein festgefügtes Bild von sich im Kopf haben, erscheint Ihnen jedes gegensätzliche Spiegelbild überraschend, ja sogar verwirrend. Einige Spiegelbilder scheinen Ihnen überhaupt nicht gerecht zu werden.

Wenn das Leben ein derartiger Spiegelsaal ist, welchen Spiegeln können Sie dann vertrauen, weil sie Ihnen die Wahrheit sagen? Oder noch wichtiger, warum sollten Sie überhaupt einem von ihnen vertrauen? Warum sollte die Meinung, die ein anderer von Ihnen hat, so wichtig sein?

Wir alle wünschen uns, dass jemand das optimale Bild von uns bestätigt, aber die Menschen fällen vorschnell Urteile und bilden sich im Nu eine Meinung über Sie. Sie können beschließen, wer Sie sind, noch bevor sie Ihnen begegnet sind. Nur sehr wenige Menschen schauen genau hin, hören zu und nehmen andere wirklich wahr. Gefällt ihnen, was sie in Ihnen sehen, haben Sie einen großartigen Spiegel gefunden. Und es funktioniert in beide Richtungen: Wenn Sie gegenüber jemandem Respekt und Bewunderung bekunden, fühlt sich dieser Mensch automatisch zu Ihnen hingezogen. Er will dieses Spiegelbild immer und immer wieder sehen.

Jedes Elternteil sollte instinktiv von Herzen lieben, aber manchmal kommt es vor, dass Kinder erst später im Leben echte Liebe finden. Sie müssen sich gedulden, bis sie von jemandem gewürdigt werden, der weder Vorurteile noch Erwartungen hat – jemandem, der sie um ihretwillen bewundert.

Letztlich liegt es an jedem von uns, uns selbst so zu lieben, wie wir sind. Es liegt an mir, und es liegt an Ihnen. Die Liebe und der Respekt, den Sie sich selbst gegenüber empfinden, legen fest, wie andere sich selbst durch Ihren Blick sehen. Lassen Sie uns also noch näher darauf eingehen und überlegen, wie Sie durch klares und positives Widerspiegeln eine Kunst auf hohem Niveau schaffen können.

Alice im Spiegel

Berufsschauspieler spiegeln das menschliche Verhalten wider. Sie ahmen das Leben nach, reflektieren die Gesellschaft. Wir Amateure verhalten uns genauso. Wir spiegeln die allgemeine Meinung wider. Wir reflektieren moderne Trends. Wir spiegeln uns gegenseitig durch die Auswahl unserer Mode und durch unsere Ideologien wider. Deshalb ist es leicht verständlich, weshalb Spiegelbilder konfus und verzerrt werden.

Die Art und Weise, wie wir einander widerspiegeln, beeinflusst die Qualität unserer Arbeit als Künstler; sie bestimmt auch unsere Beziehungen und unsere Lebensweise. Sind Sie sich dessen bewusst, welche Art von Spiegelung anziehend auf Sie wirkt und Sie zu jemandem hinzieht?

Sie sind zum Beispiel nicht immer von jemandem fasziniert, der freundlich oder nachsichtig ist. Vielleicht fühlen Sie sich sogar von Menschen angezogen, die kritisch und gelegentlich grausam sind. Möglicherweise ist es Ihnen angenehmer, schikaniert statt gehätschelt zu werden. Vielleicht sind Sie der Meinung, dass Sie eher einen Tyrannen in Ihrem Leben verdienen als jemanden, der mit Ihnen zusammenarbeitet.

Andererseits sehnen Sie sich vielleicht nach einem so perfekten Spiegelbild, dass Sie sich ständig selbst falsch darstellen. Einige von uns sehnen sich vor allem nach Zuneigung, selbst wenn sie vorgeben müssen, etwas zu sein, was sie nicht sind. Wenn Sie Ihren Wert allein durch den Blick einer anderen Person erkennen, sind Sie vielleicht davon überzeugt, ohne diese Person nicht leben zu können. Dann werden Sie sich möglicherweise nie selbst entdecken.

Würden Sie sich jedoch die Liebe zuteilwerden lassen, nach der Sie sich sehnen, wären Sie nicht so verzweifelt darum bemüht, sie irgendwo anders zu finden. Würden Sie sich vorbehaltlos selbst respektieren, wären Sie immun gegen Manipulationen. Wie weit würden Sie umherirren, um ein paar Krumen Zuneigung zu erhaschen? Was würden Sie jetzt tun, um ein wenig Lob zu bekommen?

Wie oft haben Sie Ihren Wert unterschätzt, um sich einzufügen oder Anhänger anzulocken? Nur Sie können derartige Fragen beantworten. Niemand sonst kann das Geheimnis lüften, das *Sie* darstellen. Niemand sonst kann Ihre tiefsten Bedürfnisse stillen. Wie Sie bemerkt haben, haben andere Spiegel ihre eigenen Bedürfnisse.

Vielleicht ist Ihnen bewusst, dass einige Spiegel einen stärkeren Willen haben als Sie. Einige vereinnahmen Sie derart, dass Sie sich um nichts anderes mehr kümmern. Sie sorgen sich mehr um deren Drama als um Ihr eigenes. Sie behandeln sie als die Hauptpersonen Ihrer Geschichte. Sie versuchen, ihr Leben zu leben. Genau wie die mythische Alice werden Sie von einem schönen Spiegel angelockt, stehen wie gebannt davor und könnten endlos lange dort bleiben.

Wahrscheinlich haben Sie das bereits getan; Sie haben versucht, die Reise eines anderen zu unternehmen. Sie haben die Gewohnheiten einer anderen Person angenommen und deren beste Erinnerungen gefeiert. Sie haben ihre Interessen und Aktivitäten widergespiegelt.

Schließlich fühlt sich alles falsch an; Sie ertappen sich dabei, dass Sie Dinge tun, die Sie nicht tun wollen. Ihre Vernarrtheit in einige Spiegel kann zur Besessenheit führen – was Sie auf einem gewundenen Weg ins Nichts bringt. Mit »Nichts« meine ich Selbstzerstörung oder die Zerstörung eines Traums. Alle Künstler wollen sich inspiriert fühlen, doch im Gegensatz zur Besessenheit führt Inspiration zu Kreativität; Besessenheit wird vermutlich Ihre Kreation zunichtemachen. Gelegentlich müssen Sie einen Schritt zurücktreten und prüfen, wo Sie sind, wohin Ihre Aufmerksamkeit Sie gelockt hat. Wollen Sie wirklich dort sein – oder engagieren Sie sich jetzt für eine Sache auf Kosten aller anderen?

Ich schlage vor, Sie betrachten das Gesamtbild. Sehen Sie mit den Augen eines Künstlers. Erkennen Sie die Schönheit in Ihnen selbst und tun Sie Ihr Möglichstes, sie zum Ausdruck zu bringen. Große Kunst muss nicht zwangsläufig kompliziert sein. Sie haben vermutlich einige Künstler sagen hören, sie müssten leiden, um schöpferisch zu sein. Viele legendäre Künstler ertrugen Armut und Ablehnung, sodass Leiden als ein notwendiger Teil des Schöpfungsprozesses angesehen wird.

Tatsächlich ist Leiden in den Geschichten der meisten Menschen ein wiederkehrendes Thema. Wir sind ihm alle ein wenig verfallen und bringen endlose Ausreden vor. Wir behaupten, wir würden es verdienen, zu leiden. Wir leiden, wenn wir missverstanden werden. Wir leiden wegen einer bestimmten Angelegenheit. Wir leiden aus edlen Gründen. Wir leiden um der Liebe willen. Wir leiden der Kunst wegen.

»Große Kunst erfordert großes Leiden«, so lautet eine allgemeine Annahme, aber warum sollte sie stimmen? Ja, in der Welt gibt es echtes Leid, körperlichen Schmerz und Mangel. Die meisten Menschen müssen darum kämpfen, sich und ihre Familien über die Runde zu bringen. Sie kämpfen darum, ihre Zukunft zu sichern, ein Dach über dem Kopf oder eine Anstellung zu finden. Andere wiederum bemühen sich darum, aus einem Rätsel schlau zu werden. Jeder weiß, was es heißt, zu kämpfen, aber das ist keine Ausrede, um zu leiden.

Jeder Unternehmer muss kämpfen, damit das Geschäft gut läuft. Maler, Dichter, Musiker und Schauspieler kämpfen darum, Anerkennung zu finden, und ertragen dabei harte Bedingungen. Tänzer und Sportler ertragen den Schmerz von Verletzungen und Niederlagen. Aber sie sind in ihrer schöpferischen Enttäuschung nicht allein. Auch Sie sind nicht frei davon, aber es trägt nichts zur Überwindung der Frustration bei, wenn Sie sich vorjammern, wie sehr Sie leiden. Sie, der Künstler bzw. die Künstlerin, sind verantwortlich für die Geschichten, die Sie erzählen, und die Stimmung, die Sie verbreiten. Sie sind verantwortlich für Ihr Glück und Ihre eigene künstlerische Erfüllung.

Betrachten Sie das schöpferische Tun als Mittel gegen die Frustration. Erzählen Sie eine bessere Geschichte. Achten Sie auf Ihren Körper, das Instrument Ihrer Kunst, und tun Sie Ihr Möglichstes, um einen Geist, der mit sich selbst ringt, zu heilen. Sehen Sie klar und lieben Sie freigiebig, während Sie durch dieses Spiegellabyrinth schlendern.

Gedanken über die Liebe

Die meisten Künstler trauen sich, sich gegenüber anderen Menschen zu öffnen. Und Sie? Können Sie mit der Angst vor Ablehnung (oder ohne diese Angst) ins Lampenlicht treten? Vertrauen Sie darauf, dass das Leben Sie weder beurteilt noch im Stich lässt? Denken Sie daran: Menschen fällen Urteile – das Leben urteilt nicht.

Es ist möglich, in einen defekten Spiegel zu blicken und dennoch zuversichtlich zu bleiben. Ein schlechtes Spiegelbild braucht uns nicht zwangsläufig zu entmutigen. Kein Spiegel zeigt Ihnen das Gesamtbild oder das wahre Bild. Dennoch hat Ihnen jeder Spiegel etwas zu sagen.

Vielleicht sind Sie wütend auf jemanden, weil er es nicht schafft, das Beste in Ihnen zu sehen. Vielleicht verhalten Sie sich abwehrend, aber auch von einem schlechten Spiegel kann man etwas lernen. Egal, ob ein Spiegelbild klar, verschwommen oder schlecht ist, es teilt Ihnen etwas mit. Je mehr Informationen Sie haben, desto klarer sehen Sie. Seien Sie kritisch, was die Informationen angeht, die Sie erhalten, aber hören Sie trotzdem zu. Hören Sie zu, ohne zu urteilen, und lernen Sie.

Ohne Spiegel wären Sie und ich wie die meisten Tiere. Uns würden die nötigen Informationen fehlen, um uns weiterzuentwickeln. Uns würden wichtige Enthüllungen selbst der schlechtesten Spiegelbilder abgehen. Gleichzeitig sind wir mehr, als irgendein Spiegel uns zeigen kann. Wir sind mehr als das, was wir sehen und glauben. Alles verändert sich, wenn wir die geheimnisvolle Wahrheit von uns selbst erkunden wollen.

An dieser Stelle betritt die Liebe die Bühne. Die Liebe ist weit davon entfernt, blind zu sein – sie erkennt die Wahrheit. In Ihrer Kindheit haben Sie das begriffen, und Sie können es jetzt erneut lernen. Manche Menschen in Ihrem Leben benötigen das strahlendste Spiegelbild, das Sie geben können. Statt Ihre Enttäuschung zu zeigen, sollten Sie Ihre Bewunderung bekunden. Bestätigen Sie. Spenden Sie Beifall. Tun Sie es – nicht nur für die Menschen, die Sie am meisten lieben. Jeder verdient ein klares Spiegelbild von jemandem, der durch Liebe motiviert wird.

Ihre Reise durch das Labyrinth geht weiter. Der Weg schlängelt sich dort hindurch und bietet unterwegs unzählige Spiegelbilder. Wie Sie auf die Spiegelbilder reagieren, hängt von Ihrer Selbstliebe ab – und davon, wie mutig Sie sind, andere zu lieben, egal, ob und wie sie Sie widerspiegeln.

Als Babys blickten die meisten von uns in klare, helle Spiegel. Mamas Lächeln sagte uns, dass wir wertvoll waren, und Papas Stärke vermittelte uns, dass wir uns sicher fühlen konnten. Jeder spiegelte uns ein wunderbares Bild. Die Sommerwinde übermittelten unseren Sinnen alle Wunder des Lebens. Einst waren wir alle Kinder und blickten mit großen Augen in den Spiegel, aber im Lauf der Jahre fingen wir an, uns auf die Verzerrungen zu konzentrieren. Mit der Zeit verloren wir die Liebe zu uns selbst. Wir begannen zu zweifeln, ob wir überhaupt zur Liebe fähig seien.

Wenn Sie in einen Spiegel blicken, sehen Sie vermutlich nur das, was Sie zu sehen hoffen, zu sehen erwarten oder am wenigsten sehen wollen. Sie sehen andere Menschen auf dieselbe Weise. Ist das wirkliches Sehen? Die meisten von uns merken kaum, was vor sich geht, bis uns das Leben mit einem Schock wachrüttelt. Derweil sind wir blind für die Schönheit und unvorbereitet auf die Wahrheit.

Spiegelungen sind nicht das, was sie reflektieren. Die Wahrheit um Ihre Person war nie im Spiegel. *Ihr warmer Körper ist die Wahrheit.* Ich denke, Sie erkennen das jetzt. Sie sind ein lebendiger, atmender Mensch. Sie sind real, aber Ihre Echtheit verliert sich in der Spiegelung. Falls Sie das vergessen haben, lassen Sie sich ein paar Minuten Zeit, um sich zu erinnern. Nehmen Sie vor einem Ganzkörperspiegel Platz. Betrachten Sie das gesamte Bild – Sie, den Raum, alle Farben und Formen – als visuelle Abbildung der Realität. Sie können alles sehen, weil Licht auf den Spiegel fällt, aber nichts davon existiert in ihm.

Schließen Sie die Augen und fühlen Sie die Wahrheit. Spüren Sie sich selbst, die Person, die widergespiegelt wird. Spüren Sie, wie das Leben durch Ihre Adern fließt. Spüren Sie Ihren Atem und Ihren Herzschlag. Spüren Sie Ihre eigene Hitze und wie der elektrische Strom durch Ihren Körper fließt. Sie sind das Leben.

Das Leben bringt immer mehr Leben hervor, und zwar ohne Selbstgefälligkeit und persönliche Geschichten. Sie können das Gleiche tun. Sie können ohne Ihre Geschichten leben. Sie können sich selbst treu bleiben, ohne Erklärungen oder Ausreden. Sie können ohne Vorbehalt und ohne Zweifel lieben.

Bleiben Sie nicht stehen und warten Sie nicht darauf, dass jemand Sie antreibt. Setzen Sie Ihren Willen in die Tat um. Biegen Sie weiterhin um Ecken, gehen Sie auf Entdeckungsreise und entwickeln Sie sich weiter. Legen Sie den Grundstein für etwas Neues. Ihre Zeit im Labyrinth ist magisch; Sie brauchen nur die Augen zu öffnen und *es zu sehen.*

Warum ist irgendetwas davon wichtig?

Warum soll es hilfreich sei, Ihr Leben als ein Labyrinth aus Alleen und Gassen zu betrachten?

Ihre Zukunft wird bestimmt durch die Entscheidungen, die Sie treffen – ob Sie geradeaus weitergehen oder nach links oder rechts abbiegen. Vielleicht haben Sie auch beschlossen, sich irgendwo eine Weile aufzuhalten oder einen Weg zurückzuverfolgen. Interessant ist es, zu beobachten, wie diese Entscheidungen in der Vergangenheit gefällt wurden. Es ist hilfreich, zu sehen, wie diese Entscheidungen Sie heute hierher gebracht haben. Und es ist von Bedeutung, zu sehen, wie Sie – da Sie jetzt Ihre Motive kennen und bereit sind, sie zu ändern – Ihren Weg fortsetzen können.

Lassen Sie etwas Licht herein. Das Licht spiegelt Bilder von einem Menschen zum anderen und wieder zurück. Wenn Sie die Spiegel als das erkennen, was sie sind, können Sie sensibler darauf reagieren. Wir sprechen hier von Menschen, sodass sich ein Geist, ein Intellekt hinter dem »Glas« befindet. Er neigt dazu,

Informationen zu verschlüsseln. Er zieht Schlussfolgerungen, stellt Vermutungen an. Und wie Sie wissen, wird durch Vermutungen alles kompliziert.

Bewusstheit ist die Fähigkeit, objektiv zu sehen, ohne Urteile zu fällen oder Mutmaßungen anzustellen. Jeder Verstand verdreht die Wahrheit ein wenig; nehmen Sie also Meinungsäußerungen nicht so persönlich. Wenn Sie Ihr eigenes Verhalten fair beurteilen, können Sie bei Ihrer Beurteilung anderer Menschen gnädiger sein. Schauspieler studieren ihre Figuren objektiv, fair. Genauso können Sie sich selber studieren und Ihre authentischen Eigenschaften fördern.

Denken Sie an die Bühne, die Sie entworfen haben. Vielleicht wären ein paar Design-Änderungen angebracht. Dabei geht es nicht darum, zu entscheiden, wo die Möbel aufgestellt werden. Ich spreche von der Stimmung. Wollen Sie einen Himmel oder eine Hölle für sich entwerfen? Himmel. Hölle. Nehmen wir uns ein wenig Zeit, den Unterschied zu begreifen.

Der Himmel ist natürlich ein Bewusstseinszustand. Wenn wir eine Realität schaffen, in der unser Verhalten durch Respekt bestimmt wird, sind wir im Himmel. Ich respektiere die Personen, die mir nahestehen. Ich respektiere jeden Menschen, dem ich begegne – und ich respektiere Sie, ohne dass ich Sie persönlich kennen muss. Gehen wir davon aus, dass Sie mich und alle anderen Figuren in Ihrer Geschichte respektieren. Zwischen uns funktioniert es reibungslos, da wir respektvoll sind, ohne uns in allem einig zu sein. Das ist der Himmel.

Die Hölle ist etwas anderes. Sie wird von Angst dominiert. Das Leben kann unerträglich sein, wenn wir es zulassen, dass Angst die Stimmung regiert. Wenn bei uns Respekt kein natürlicher Impuls ist, werden wir einander beurteilen. Wir werden uns gegenseitig beschuldigen und uns voreinander fürchten. Himmel und Hölle sind Metaphern, aber das Elend, das wir verursachen, ist keine Metapher. Eine lebendige Hölle ist eine reale Erfahrung. Durch Respekt vermeiden wir die Höllenqualen.

Respektieren Sie sich selbst und lassen Sie die Welt diesen Respekt spüren. Lassen Sie ihn alles berühren, was Sie berühren, und lassen Sie ihn auf Sie zurückstrahlen. Achten Sie darauf, wie Respekt Ihre Realität transformiert. Diese Art von Bewusstsein treibt die Entwicklung voran. Wie entwickeln Sie sich? Nun, Sie wagen es, die Augen für etwas zu öffnen, das Sie vorher nicht sehen konnten. Sie öffnen sich den Informationen des Lichts. Sie sind jetzt nicht mehr weit davon entfernt, die Wahrheit zu reflektieren, und die Wahrheit versetzt Sie in den Himmel, auch wenn Sie sich noch auf dieser Erde befinden.

Was kann ich sonst noch tun?

Die Anspannung, nicht zu wissen, was als Nächstes kommt oder ob Sie je wieder ein Engagement erhalten werden, ist bei allen Künstlern vorhanden. Wir haben nie das Gefühl, genug getan, genug Applaus erhalten oder genug Menschen beeindruckt zu haben. Die ständige Sorge ist: Kann ich noch mehr tun?

Sie sind jetzt eine andere Art von Student bzw. Studentin. In dieser speziellen Schule erforschen Sie tiefere Geheimnisse. Sie haben ein Verlangen nach der Wahrheit. Sie streben danach, ein klarer Spiegel zu sein. Ich dränge Sie, Fragen zu stellen. Wägen Sie die Antworten sorgfältig ab. Hören Sie sich erst alle Meinungen über eine Geschichte an, bevor Sie Ihre Ansicht kundtun, und respektieren Sie alle Gesichtspunkte. Vielleicht haben Sie sich selbst einst als Opfer des Lebens betrachtet; nun aber sind Sie der Komplize des Lebens.

Und wie nimmt diese Zusammenarbeit ihren Anfang? Wir wirken mit dem Leben zusammen, wenn wir uns seiner bewusst und fähig sind, uns seinen Veränderungen anzupassen. Wir machen gemeinsame Sache mit dem Leben, wenn wir für neue Informationen offen sind, statt uns ihnen zu verschließen und sie abzuwehren. Wir pflegen eine Partnerschaft mit dem Leben, wenn wir ehrlich zu uns selbst sind. Wenn wir das Offensichtliche leugnen, wird dies höchstwahrscheinlich Folgen haben. Wenn wir uns selbst belügen, werden wir bald den Schmerz spüren.

Untadelig zu sein, bedeutet, ohne Sünde zu sein. Für Sie, den Künstler bzw. die Künstlerin, ist es eine Sünde, sich gegen sich selbst zu wenden. Es ist eine Sünde, Ihre Kunst gering zu schätzen. Stellen Sie sich vor, Sie seien *untadelig* – wie würde das aussehen und klingen? Wie würden Sie sich durch die Welt bewegen?

Stellen Sie sich vor, Sie sagen, was Sie meinen, und tun, was Sie sagen. Stellen Sie sich vor, Sie seien jemand, der nie Mutmaßungen anstellt, sondern Fragen stellt und erst dann eine Einschätzung vornimmt. Stellen Sie sich vor, dass Sie sich Kritik anhören können, ohne defensiv zu reagieren. Stellen Sie sich vor, Sie tun Ihr Bestes und Ihre größten Bemühungen nehmen im Lauf der Zeit noch zu. Wenn Sie sich vorstellen können, auf diese Weise auf gewöhnliche Situationen zu reagieren, dann sind Sie bereit, Folgendes umzusetzen:

1. Seien Sie tadellos mit Ihren Worten und Handlungen.
2. Nehmen Sie nichts persönlich.
3. Hegen Sie keine Vermutungen.
4. Geben Sie in jedem Moment Ihr Bestes.

Diese Lektionen sind unerlässliche Werkzeuge für Lebenskünstler bzw. -künstlerinnen. Heute ist ein guter Tag, um Ihre Fertigkeiten zu verfeinern. Vielleicht sind Sie der Ansicht, Sie seien nicht tapfer oder kreativ genug, aber die Meisterschaft beginnt mit kleinen Versuchen. Sie beginnt damit, dass Sie in diesem Moment Ihr Bestes geben. Üben Sie. Proben Sie. Engagieren Sie sich voller Leidenschaft für Ihr Handwerk.

Wenn wir unter Druck stehen, verfallen wir wieder in die alte Gewohnheit, uns als unbedeutende Person gering zu schätzen. Wir sind wieder die Person, die voller Angst flüchtet, die schikaniert wird oder die sogar andere tyrannisiert. Es ist von Bedeutung, zu erkennen, wie ausdrücklich Sie sich mit Ihren früheren Rollen und Reaktionen identifizieren. Es ist wichtig, die Augen zu öffnen und bereit für einen Wandel zu sein.

Es ist jetzt nicht der richtige Zeitpunkt, sich wieder als unbedeutende Person aufleben zu lassen. Es ist jetzt an der Zeit, ins Licht zu treten, zu sehen, was Sie tun, und es neu zu gestalten.

Beobachten Sie, wie Ihre Gefühle wieder aufleben, um eine alte Geschichte zu untermauern. Verändern Sie die Gefühle und ändern Sie die Geschichte. Lachen Sie. Atmen Sie. Danken Sie dem Leben, dass es Sie daran erinnert, wie viel mehr Sie sind als das, was andere in Ihnen sehen.

Notizen zum 4. Tag

Tag 5:

Der Schlussakt

»Wir haben einen direkten Sinn für das Leben.
Wenn Sie ihn erlangen,
werden Sie Ihre Spiegel und Statuen,
Ihr Spielzeug und Ihre Puppen
zur Seite legen.«

George Bernard Shaw

Es ist ein offenes Geheimnis, dass jeder ein Geheimnis ergründen möchte. Wir suchen alle in einem Meer von Geheimnissen nach Antworten. Aber mehr als alles andere wollen wir wissen, wer wir sind – und doch fürchten wir gerade diese Frage am meisten.

Wer bin ich?, haben Sie sich wohl gelegentlich gefragt. Nun, immerhin wissen Sie, was Sie nicht sind. Sie sind nicht die Rollen, die Sie spielen. Sie sind weder Ihr Ruf noch Ihre Rezensionen. Vielleicht haben Sie Ihren Wert immer an dem Lob gemessen, das man Ihnen zollte. Sie haben Dinge vorgetäuscht. Sie haben übertrieben. Sie liebten die Show. Aber wann immer Sie die Möglichkeit hatten, die Bühne zu verlassen, waren Sie erleichtert, nicht wahr? Das Drama schien etwas zu intensiv zu sein, wirkte etwas verrückt, fühlte sich unnatürlich an.

Aus einer anderen Perspektive betrachtet, scheint Ihr Verhalten überwiegend übertrieben zu sein. Skizzieren Sie Ihre Geschichte auf Papier, und Sie werden erkennen, dass das Spielen einer Rolle Sie immer wieder an den Rand einer Krise brachte. Sie können sich an die Zeiten erinnern, als Sie sich selbst völlig verloren oder Ihr Team enttäuschten. Schauen Sie genau hin. Vielleicht haben Sie zu viele Mutmaßungen angestellt und sich verschätzt. Häufig wandten Sie sich gegen sich selbst, aber es gab auch Zeiten, in denen Sie Ihre Integrität bewahrten, Zeiten, in denen Sie großartig waren.

Lassen Sie Ihre Sinne wahrnehmen, was Sie nicht erklären können. Der Anschein täuscht. Sie scheinen vieles auf einmal zu sein. Sie stoßen auf eine Fülle selbst auferlegter Begrenzungen und unfassbarer Möglichkeiten. Vor allem aber erwecken Sie den Eindruck, als wären Sie Ihr bestgehütetes Geheimnis. Wie Sie diese Woche entdeckt haben, ist die Wahrheit jedoch viel einfacher.

Sie wollen das Geheimnis ergründen, haben aber Angst, zu genau hinzuschauen. *Was ist real?,* fragen Sie sich. Sie machen sich Sorgen, dass Sie zu sehr an Dinge geglaubt haben, die nicht real sind. Die Realität ist das Geheimnis, das Sie aufdecken müssen. Fragen müssen gestellt und durchleuchtet werden. Hindernisse müssen angegangen und überwunden werden. Hinter den Kulissen warten noch weitere Geheimnisse.

Sie müssen zum Beispiel noch mehr über die Liebe herausfinden. *Was ist Liebe?,* fragen sich die Menschen häufig. Sie haben die Frage gestellt, zugehört, Ihre Ansicht über die Liebe geändert – und herausgefunden, dass die Liebe mehr ist, als Sie sich vorgestellt haben. Weit davon entfernt, ein seltsames Gefühl zu sein, umfasst die Liebe die Gesamtheit aller Gefühle. Weit davon entfernt, eine Schwäche darzustellen, ist die Liebe die Energie, der Sie Ihr Leben verdanken – und die Sie immer noch antreibt, zu wachsen.

Jede Generation findet neue Antworten auf jahrhundertealte Fragen. Einige Generationen entdecken Antworten wieder, die einst verloren gingen und vergessen wurden. Indem man ein Geheimnis lüftet, öffnet man die Tür zu vielen, vielen weiteren. Ziehen Sie den Vorhang auf und lassen Sie die dunklen Stellen mit Licht durchfluten, bis Sie jenseits des Labyrinths zum letzten Geheimnis gelangen.

Abschied von der Bühne

Vielleicht haben Sie sich Ihre Welt noch nie zuvor als Bühne vorgestellt. Und genauso wenig haben Sie Ihre Handlungen und Reaktionen als Darbietung angesehen. Doch dieses Bewusstsein ermöglicht es Ihnen, Ihre Rollen zu wählen und sie bewusst zu spielen, ja, es gibt Ihnen Wahlmöglichkeiten. Sie können die Zeiten wählen, in denen Sie gar keine Rolle zu spielen brauchen.

Stattdessen können Sie präsent und spontan sein. Sie können sich dafür entscheiden, zuzuhören, zu beobachten und Ihre Aufmerksamkeit auf das zu richten, was um Sie herum vor sich geht. Und vielleicht können Sie sogar zum ersten Mal die Eigenschaften unter die Lupe nehmen, die Sie authentisch machen. Ihre Optionen verändern sich mit jeder Situation, doch das Bewusstsein hilft Ihnen, sich selbst treu zu bleiben.

Eines Tages werden Sie von der Bühne abtreten. Wir alle tun das. Die Scheinwerfer werden verlöschen und das Stück zu Ende sein. Bei der professionellen Schauspielkunst muss das Theater irgendwann dunkel werden, und die Schauspieler müssen ihre Rollen ablegen. Sie müssen sich von der Truppe verabschieden und weiterziehen. Der Vorhang wird fallen, und alle – die Besetzung, das Team und zufriedene Besucher – werden das Theater verlassen, um ihr Leben fortzusetzen.

Im Lauf unseres Lebens gibt es wie im Theater viele Male ein Ende. Jede Aufführung beginnt mit großem Enthusiasmus, geht jedoch unvermeidlich zu Ende. Alte Kulissen werden abgebaut, Requisiten verstaut und Kostüme ausrangiert. Wie bereiten Sie sich darauf vor, die Bühne endgültig zu verlassen? Wie wappnen Sie sich für das größere Geheimnis jenseits des Labyrinths?

Als Erstes wollen Sie aus dem Traum erwachen – ja, dem Traum. Ein Bühnenstück ist ein von Schauspielern kreierter Traum. Auch eine Reise ist wie ein Traum. Sie fordert Sie heraus, zu improvisieren und verschiedene Möglichkeiten zu erlernen, Dinge zu tun. Ihr Leben ist ein Traum, der häufig keinen Sinn zu haben scheint. Das Glück mag Sie im Stich lassen, und Ihre Freunde enttäuschen Sie vielleicht. Ihre Glücksfälle kommen und gehen. Gelegentlich werden Sie durch tragische Ereignisse gezwungen, der Held oder die Heldin Ihrer eigenen Geschichte zu sein.

Vielleicht meistern Sie das bereits großartig. Vielleicht betrachten Sie sich als einen vollendeten Träumer. Turbulenzen stören Sie nicht. Sie sind flexibel, Sie haben keine Angst vor Veränderung. Sie haben in allen Situationen Ihr Bestes getan, und Ihr Werk ist bewunderungswürdig. Vielleicht können Sie jetzt Ihr Leben auf eine nie dagewesene Weise sehen.

Sie sind zum Beispiel hier, eingebunden in Ihre Geschichte, und beobachten die Handlung gleichzeitig aus der Distanz. Sie haben die Kunst der Perspektive gelernt – wie es ein Maler tun muss. Sie haben sich dazu erzogen, das Gesamtbild zu sehen und sich nicht in Details zu verlieren. Sie können das Leben in seiner Gesamtheit sehen, aber Sie können auch sich selbst sehen, während Sie in die Aufführung vertieft sind.

Sie haben recht; Ihre Perspektive hat sich geändert. Und vielleicht sind Sie mit den Rollen, die Sie spielen, weniger verbunden. Aber bevor die Lichter verlöschen und diese erstaunliche Darbietung vorüber ist, sollten Sie sich einer letzten Herausforderung als Künstler bzw. Künstlerin stellen: mithilfe Ihres Vorstellungsvermögens das Labyrinth zu verlassen. So wie Ihre Vorstellungskraft Sie während Ihrer Kindheit in andere Welten versetzen konnte, so kann Ihre Fantasie als erwachsener Mensch Sie aus dem Labyrinth herausführen, während Sie sich immer noch darin befinden.

Solange Ihre Neugier ausgeprägt und Ihr Wille stark ist, sollten Sie damit fortfahren, Ihr Bewusstsein zu erweitern. Schätzen Sie den Wert Ihrer Verluste und Erfolge und lernen Sie, künftigen Entwicklungen zu vertrauen. Sobald der Tod eintritt, sind Sie bekanntlich nicht länger Teil der menschlichen Erfahrung. Es ist wichtig, dass Sie jetzt diese Erfahrung machen, mit offenen Augen und einem Geist, der bereit ist zu spielen.

Ein Mensch zu sein, lässt sich mit einer wilden Fahrt vergleichen und ist niemals auf nur eine Erfahrung begrenzt. Die Intensität ändert sich. Ebenso die Hingabe. Es kann erschreckend und ermüdend sein. Es kann einfach erstaunlich sein – und ist es auch oft. Ich bitte Sie dringend, die menschliche Erfahrung in ihrer Gesamtheit zu sehen, und ich möchte Sie ermutigen, die ganze Fülle dieser Erfahrung auszukosten, solange Sie leben – und eine letzte Hürde zu nehmen, wenn Sie dazu bereit sind.

Das Endgericht

Wenn Sie nicht länger die Urteile anderer Menschen fürchten, können Sie ungeniert authentisch sein. Und wie sieht es mit Ihren eigenen Urteilen aus? Möglicherweise beurteilen Sie sich selbst sogar noch gnadenloser, als Sie andere beurteilen. Sie werden sich weiterhin so verhalten, bis Sie der Versuchung widerstehen, überhaupt zu urteilen.

Eines Tages werden Sie damit aufhören und Ihr Endurteil fällen. Sie werden es hören und dabei zusammenzucken. Jeder Impuls, anschließend weiterhin zu urteilen, wird sich fremd und unbehaglich anfühlen. Wichtig ist, dass Sie achtgeben und Ihre Geschichten im Inneren verändern, um nach außen hin Respekt bekunden zu können. Es ist Ihnen wichtig. Es ist wichtig für den physischen Körper, der Sie umhüllt, und für die Menschen, die von Ihnen angeleitet werden wollen.

Um eine Rolle getreu spielen zu können, nehmen Schauspieler bestimmte Standpunkte ein. Sie stellen sich vor, die Figuren in ihrem Stück hätten ein reales Leben geführt und würden auf Geschichten zurückblicken, die ihr Handeln erklären. Die Aufgabe von Schauspielern besteht darin, die Sensibilität und geheimen Ängste der Figuren nachvollziehen zu können – und ihren Hang, zu urteilen.

Stellen Sie sich vor, eine Figur urteile prinzipiell nicht. Wäre sie dann langweilig und der Aufmerksamkeit eines Publikums unwürdig? Vielleicht. Die meisten Menschen würden sagen, dass makelbehaftete Figuren am faszinierendsten sind. Schurken zum Beispiel sind unwiderstehlich. Ebenso ewige Opfer. Gewöhnlich erregen die Licht- und Schattenseiten der Figuren die größte Aufmerksamkeit der Zuschauer. Aber Sie und ich, wir versuchen nicht mehr, die Zuschauer zu unterhalten, oder?

Wie würden Sie sich verhalten, wenn Sie es nicht mehr nötig hätten, einem Publikum zu gefallen? Wie wäre es, keine Angst mehr vor dem Urteil anderer zu haben? Dann würden Sie besser zuhören, richtig? Sie würden sich entspannen und beobachten. Sie würden Ihre Reaktionen zurückhalten und sich auf den Augenblick konzentrieren. Der ganze Ton Ihrer Darbietung würde sich grundlegend ändern.

Die Beurteilung ist der Schurke in Ihrem Privatfilm. Sobald er aus dem Plot vertrieben wurde, können Sie ohne all das Drama eine große Bandbreite menschlicher Gefühle entdecken. Sie können fühlen, ohne das Publikum dazu zu bringen, ebenfalls zu fühlen. Niemand muss lachen oder weinen. Niemand muss verstört oder deprimiert nach Hause gehen. Ihr Name muss nicht in die Bücher als »größter Darsteller oder größte Darstellerin aller Zeiten« eingehen. Man kann sich an Sie als einen Menschen erinnern, der es noch besser verstanden hat, andere mitzureißen: an jemanden, der authentisch war.

Die professionelle Schauspielerei erntet manchmal dort Erfolge, wo wir es trotz größter Bemühungen als Amateure nicht schaffen. Schauspielern gelingt es häufig, Augenblicke der Wahrheit einzufangen. Natürlich sind Berufsschauspieler bestrebt, ein gutes Auskommen zu haben, zugleich sorgen sie sich aber um die Integrität ihrer Arbeit. Sie wollen stolz sein, wenn ihre Aufgabe erfüllt ist. Sie wollen durch ihre Kunst erbaut werden. Wie viele von uns, wollen sie eine göttliche Wahrheit berühren.

Das Problem ist jedoch, dass wir dazu ermutigt wurden, uns auf unsere Misserfolge zu konzentrieren. Wir werden durch unsere Schwächen abgelenkt. Als Schauspieler in der Ausbildung wurden wir nach unserem Aussehen beurteilt, unseren Manieren. Es war von Bedeutung, dass wir in der Schule gute Leistungen brachten und uns in der Gesellschaft gut benahmen. Wir ertrugen viel Kritik, sodass wir uns als Heranwachsende auf unsere Unzulänglichkeiten konzentrierten.

Meiner Meinung nach ist alles perfekt, so wie es ist. Sie wollen sich ja weiterentwickeln und sich nicht neu erfinden. Sie sind blind geworden gegenüber dem Wunder, das Sie sind. Denken Sie daran, dass ein Künstler Unzulänglichkeiten nicht sieht. Künstler sind betört von ihren Themen, fasziniert von der Magie des Lebens.

Lassen Sie uns einen Moment lang zum Film zurückkehren. Stellen Sie sich vor, dass Sie sich im dunklen Kino befinden, mit einem Becher Popcorn auf dem Schoß. Sie sind bereit, in eine andere Welt entführt zu werden. Der Film beginnt, und Sie sind sofort überwältigt von den Bildern vor Ihnen. Im Nu zieht die Handlung Sie in Ihren Bann.

Stellen Sie sich nun vor, dass auf der Leinwand ein kleiner Fleck zu sehen ist. Sobald Sie ihn entdeckt haben, können Sie nichts anderes mehr sehen. Er nervt Sie, und Sie sind wie gebannt. Sie können sich nicht auf die Schauspieler oder die Szenerie konzentrieren. Nach und nach verlieren Sie den Überblick über die Handlung, und Ihre emotionale Verbindung zu der Geschichte geht verloren. Sie sind ins Kino gegangen, um Abstand von Ihren Besessenheiten zu gewinnen – und nun steigern Sie sich wieder in etwas hinein. Überdies verpassen Sie das Wunder und die Magie.

Irgendwo, außer Sichtweite, scheint ein Licht durch einen Zelluloidstreifen. Oder durch ein Prisma. Oder auf winzige Spiegel. Die Filmtechnologie ändert und entwickelt sich weiter, aber das Prinzip ist dasselbe: Licht fällt auf Materie, Licht wird reflektiert, und die Lichtinformation wird gestreut.

Eine Reihe von Bildern wird bei einem Film vergrößert und dann auf eine Leinwand projiziert. Sie sehen das Ergebnis und erkennen es als eine Bildergeschichte. Während Sie sich den Film anschauen, wird die Geschichte zu Ihrer Realität und Sie reagieren emotional darauf. Je mehr Sie davon überzeugt sind, dass Sie Teil der Handlung auf der Leinwand sind, desto mehr engagieren Sie sich gefühlsmäßig.

Es erforderte eine bemerkenswerte Genialität, all diese Elemente zusammenzufügen, um einen solch durchschlagenden Effekt zu erzielen, aber es ist ein perfektes Beispiel dafür, wie die Kunst das Geheimnis des Lebens dupliziert. Das Licht bestrahlt die Materie und prallt von ihr ab. Was wir sehen, löst bestimmte Gefühle aus. Das Leben ist eine fantastische Lichtschau, und jeder von uns erlebt sie unterschiedlich.

Die Konzentration auf diesen Fleck auf der Leinwand ist eine Entscheidung. Sie fokussieren sich so lange darauf, bis Sie bereit sind, Ihren Blickwinkel zu erweitern und die ganze Erfahrung in sich aufzunehmen. Derweil blitzt die Wahrheit hinter dem Objektiv auf. Das Leben wartet, es ruft. Es ist unwichtig, was alle anderen gerade tun. Können Sie es spüren? Geben Sie acht?

Das Leben macht alles möglich. Sie machen etwas auf Ihre eigene Weise möglich, indem Sie etwas aus reiner Vorstellungskraft kreieren. Die Inspiration, diese geheimnisvolle Kraft, ermöglicht es Ihnen, unbegrenzt Schönheit zu schaffen. Und sie verleiht Ihnen die Gabe, andere zu inspirieren und Liebe für das, was Sie tun, mitzuteilen.

Die Menschheit kann Ihr Spielplatz sein – oder Ihre beste Ausrede, um zu leiden. Die Welt ist in ihr eigenes Drama verfangen und schenkt Ihrem keine Aufmerksamkeit. Ihre Familie hat Sie gelehrt, sich anzupassen; jetzt können Sie einige dieser Regeln brechen. Sie können unmögliche Fragen stellen und sich schwierigen Antworten zuwenden. Mit oder ohne Publikum können Sie eine hervorragende Leistung bieten und für sich entscheiden, was der nächste Akt bringen wird.

Die nächste Phase

Die Schauspielerei erfordert Glauben und Engagement. Ein gutes Publikum zu sein, erfordert dasselbe. Wenn Schauspieler das Publikum nicht überzeugen können, zu glauben, beherrschen sie ihr Handwerk nicht. Wenn das Publikum nicht bereit ist, die Voraussetzung einer Geschichte, so fantastisch sie auch sein mag, zu akzeptieren, versagt der Schauspieler als Kollaborateur. Was aber, wenn diese glückliche Verschwörung durch ein gegenseitiges Verlangen nach Wahrheit motiviert wurde?

Eine unterhaltsame Lüge ist für das Theater ideal, leistet uns aber im normalen Leben keine guten Dienste. Täuschung ist schwer zu rechtfertigen oder zu verteidigen. Ein Melodrama kann strapaziös sein. In einem Theaterstück oder einem Film ist es aufregend, sich vorzustellen, dass Hexen Kinder entführen oder Aliens in unsere Galaxie eindringen. Es kann amüsant sein, zu glauben, dass Superhelden am Himmel patrouillieren – aber wir wollen in keiner Welt leben, die von Angst oder Fantasie bestimmt wird.

Entwicklung bedeutet Wachstum, Anpassungsfähigkeit, und Sie besitzen die Fähigkeit, sich anzupassen. Sie können Selbstreflexion betreiben. Sie können sich irrationalen Ängsten stellen und sie vertreiben. Sie können sich fantastische Dinge vorstellen, ohne an sie zu glauben. Sie können zugeben, dass Sie gerade träumen, und können den Traum verändern. Sie können sogar den Träumer verändern.

Sie haben sich Ihren Weg als einen Spaziergang über einen College-Campus vorgestellt, einen Ort, wo Geheimnisse diskutiert und erforscht werden. Das Leben auf dem Campus ist unkompliziert. Ihre Kommilitonen sind dort, um sich auf Sie zu verlassen, Sie zu leiten und Sie dorthin zu bringen, wo Sie sein sollten. Die Vorstellung von der Erde als einem Universitätscampus ist aufschlussreich und erhellend, denn sie erinnert Sie daran, dass Sie hier sind, um zu lernen.

Sie haben sich auch ausgemalt, dass Ihre Reise auf einer Bühne stattfindet. Vielleicht wirkt jede Bühne einschüchternd, aber andere Schauspieler teilen Ihre Ängste. Sie sind schon immer Schauspieler bzw. Schauspielerin gewesen und haben, wie die übrige Menschheit, an derselben Schauspielschule studiert. Sie erkennen, dass Ihnen Experten Ihre Darbietungsfertigkeiten beigebracht haben. Sie können jetzt entscheiden, wohin diese Fertigkeiten Sie bringen werden.

Schließlich habe ich Sie gebeten, Ihr Leben als ein Labyrinth zu betrachten – die Art von Umgebung, in der Ihr Fortschritt schwer zu messen und Ihre Sicht eingeschränkt ist. In einem Labyrinth sind Sie der Belastung ausgesetzt, nicht zu wissen, wo Sie sind oder wohin der Weg Sie führen wird. Ein Labyrinth ist voller Fehlstarts und zufälliger Enttäuschungen. Sie sind von Spiegelbildern umgeben, können aber nicht darauf vertrauen, dass sie Ihnen die Wahrheit sagen. Also ist es sinnvoll, intensive Eigenliebe zu entwickeln. Um die Schönheit Ihrer einmaligen Lebenszeit hoch zu schätzen, ist Liebe unerlässlich.

Die Vorstellung, durch ein Labyrinth zu schlendern, ist genau das, was sie ist: eine Vorstellung. Neue Ideen können Ihnen helfen, über Ihre derzeitige Denkweise hinauszugehen. Diese spezielle Idee hilft Ihnen, zu erkennen, wie Sie bisher durchs Leben gekommen sind und wie Sie voller Elan weitergehen können. Manchmal waren Sie ratlos, manchmal nicht. Sie waren erstarrt vor Angst, haben aber tapfer Traumata überwunden. Die Vorstellung eines Labyrinths gemahnt Sie daran, dass Sie *hier* ins Leben getreten sind und irgendwo *dort* wieder aus ihm hinaustreten werden. Es liegt in Ihrer Hand, in den Räumen dazwischen zu navigieren.

Ich habe Sie gebeten, sich Ihre Reise durchs Leben auf verschiedene Weise vorzustellen: als Campus, Bühne und weitläufiges Gartenlabyrinth. Sie alle zeigen ein Bild Ihres Lebens. Sie alle heben Sie auf eine unterschiedliche Bewusstseinsstufe zu unterschiedlichen Zeitpunkten. Gerade jetzt betrachten Sie sich vielleicht als Dauerstudenten, nie wirklich bereit, die nächste Stufe zu erklimmen. Vielleicht sind Sie aber auch der Meinung, bereits alles zu wissen und schon längst Ihr Examen abgelegt zu haben.

Vielleicht sind Sie bereits auf Tournee rund um die Welt gewesen und haben sich anhand einer überragenden Rolle oder einer umjubelten Aufführung eine Karriere aufgebaut. Natürlich sind Sie heute nicht mehr die Person, die Sie gestern waren. Mal sind Sie ein sich quälender, mal ein überragender Student; mal eine sich abmühende, mal eine exzellente Studentin. An einem Tag ist das Publikum von Ihnen begeistert, am anderen bleibt es einfach weg. Wir sind Experten und Amateure – abwechselnd und alles gleichzeitig.

Sie können jederzeit entscheiden, ob Ihr Handeln im Einklang mit Ihrem Bewusstsein ist. Ihre Reise wird mit Ihrem Tod enden, aber solange Sie leben, sollten Sie die Dinge so sehen, wie sie sind. Genießen Sie die Spiegelbilder, aber schätzen Sie, was wirklich ist. Der Ausgang aus diesem Labyrinth kann unvermutet hinter dem nächsten Baum oder Strauch auftauchen. Das Ende Ihrer Reise kann Sie überrumpeln, noch bevor Sie ihre Schönheit voll gewürdigt haben. Achten Sie, solange Sie hier sind, darauf, dass Ihre Augen geöffnet und Ihre Sinne ganz aufnahmebereit sind.

Was kann ich jetzt tun?

Atmen Sie tief durch. Trainieren Sie Ihre Vorstellungskraft und vertiefen Sie Ihr Verständnis. Bündeln Sie Ihre Energie. Und seien Sie davon überzeugt, dass Sie der sind, für den Sie sich halten. Das sollte keine Mühe erfordern, denn es ist genau das, was Sie die ganze Zeit tun.

Sobald Sie das vertraute Gefühl der Behaglichkeit haben – zu wissen, was Sie über sich wissen –, hören Sie auf, es zu wissen. Ja, ganz richtig: Hören Sie auf, es zu glauben. Sie sind nicht der oder die, für den bzw. für die Sie sich halten. Spüren Sie das emotionale Unbehagen hierüber und entspannen Sie sich. Fühlen Sie sich im Nichtwissen sicher.

Genießen Sie jetzt das Gefühl, etwas von einer Ihnen nahestehenden Person zu glauben, wovon Sie wissen, dass es der Wahrheit entspricht. Noch einmal: Das ist etwas, was Sie regelmäßig tun. Sie glauben, Sie kennen die Menschen. Sobald Sie dieses Gefühl haben, die absolute Überzeugung, dass Sie jemanden durch und durch kennen, halten Sie inne. Hören Sie auf, zu glauben, was Sie über diese Person denken, entspreche der Wahrheit. Fühlen Sie Leichtigkeit anstelle der einstigen Überzeugung.

Spielen Sie auf diese Weise mit Überzeugungen. Erkennen Sie eine Überzeugung und setzen Sie den Glauben dann auf eine entgegengesetzte Überzeugung. Verwerfen Sie schließlich jegliche Überzeugung zu dem Thema. Das hat zur Folge, dass Sie von Augenblick zu Augenblick eine unbehinderte Wahrnehmung genießen.

Diese Übung soll nicht bezwecken, dass Sie aufhören, Dinge wichtig zu nehmen, sondern Ihnen vor Augen zu führen, wie sehr Sie mit Ihren Überzeugungen gefühlsmäßig verbunden sind. Auf diese Weise erkennen Sie, dass Loslassen möglich ist und eine erneute Bindung eine Entscheidung darstellt. Glauben Sie, dass es so ist. Glauben Sie, dass es nicht so ist. Wie wir bereits erörtert haben, bestimmt Ihre Aufmerksamkeit, was Sie glauben, und nicht andersherum.

Bei der spirituellen Meisterschaft geht es darum, die Hauptfigur Ihrer Geschichte zu transzendieren, über Ihre unmittelbare Umgebung hinauszusehen und Ihren Realitätssinn zu vertiefen. Für einen professionellen Künstler bedeutet Meisterschaft dasselbe. Berufskünstler verlieren sich in ihrer Kunst. Sie dokumentieren, was sie sehen, und stellen sich vor, was sie nicht sehen können. Bestenfalls rütteln sie andere Künstler wie Sie und mich wach. Sie lassen uns Dinge wahrnehmen, die wir noch nicht in Betracht gezogen hatten. Und mit der Zeit entwickelt sich das Bewusstsein.

Das Bewusstsein beginnt im Mutterleib, wenn der Fötus wächst und sich das kindliche Gehirn entwickelt. Wenn er allmählich Gestalt annimmt, rühren sich die Sinne, nehmen Licht und Geräusche, Wärme und Schwerelosigkeit wahr. Von diesen frühesten Phasen an sind wir alle Kollaborateure bei unserer eigenen Transformation. Das Leben bietet uns das Rohmaterial, und wir verarbeiten es in unserem eigenen Tempo.

Sie haben bereits drei wichtige Herausforderungen gemeistert:

1. Sie arbeiten weiterhin an Ihrer Bewusstseinserweiterung.
2. Sie entwickeln sich körperlich, geistig und spirituell weiter.
3. Ihr Wille wird stärker.

Denken Sie daran, dass Ihr Wille Veränderungen möglich macht; er kann Sie entmutigen, aber auch über die normalen Grenzen der Wahrnehmung treiben.

Wahrnehmung. Transformation. Wille. Heute und in Zukunft sind dies wichtige Werkzeuge für Ihre Entwicklung. Und Sie besitzen noch weitere. Zum Beispiel die *Vorstellungskraft,* die Sie dorthin versetzt, wo Sie sein wollen. Die *Zusammenarbeit* verstärkt die *Kreativität,* vergessen Sie also nicht die Truppe. Sie teilen diese große Bühne mit zahllosen anderen. Gestatten Sie ihnen, sich frei zu äußern. Respektieren Sie ihre Talente. Der *Respekt* eröffnet Möglichkeiten – im Leben und in der Kunst.

Alle Lehrer und Lehrerinnen sind Führer, die Hinweise auf scheinbar unlösbare Geheimnisse anbieten; sie können Ihnen den Weg zur Wahrheit zeigen. Aber wohin die Reise Sie führen wird, ist ein Geheimnis für sich.

Ich schätze Ihren Willen, zu staunen und zu lernen, und ich fühle mich geehrt, Ihnen bei diesem Bestreben zu helfen.

Sie haben diese Woche Ihr Leben aus verschiedenen Perspektiven beleuchtet. Ob Sie sich vorstellen, wie Sie über einen Campus gehen oder die Welt durchqueren – Sie haben auf jeden Fall aus den Entscheidungen, die Sie getroffen haben, gelernt. Sie haben auch von den Orten, die Sie besucht haben, und von den Menschen, die Sie faszinierten, gelernt.

Sie haben Fähigkeiten an sich entdeckt, von deren Existenz Sie nichts wussten. Sie haben gelernt, Talente zu schätzen, die in der Kindheit entwickelt und im Erwachsenenalter ausgefeilt wurden. Sie haben erlebt, wie diese Talente geformt werden können, um Ihrer derzeitigen Wahrnehmung zu entsprechen. Sie wissen auch, dass sie verändert oder ersetzt werden können. Statt zu schauspielern – schauspielern ..., schauspielern! –, ziehen Sie es vielleicht vor, sich an Ihre Authentizität zu gewöhnen. Vielleicht sehen Sie sich lieber als den einen lebendigen Körper inmitten eines Raums voller Spiegel.

Wie auch immer Sie Ihre schauspielerischen Fähigkeiten gestalten und sosehr Sie sich nach einem Publikum sehnen – Sie sind ein authentischer Mensch. Spielen Sie mit dem Leben. Spielen Sie mit Ihren Künstlerkollegen und -kolleginnen. Nutzen Sie jede Gelegenheit, mehr über das Geheimnis zu erfahren, das Sie sind.

Ich sehe gerade, dass es schon spät ist. Sie und ich, wir müssen uns voneinander verabschieden, aber nur vorübergehend. Sie können sich meiner Liebe und Ermutigung sicher sein. Wenn die Wahrnehmung wichtig für Sie ist, hat das Abenteuer begonnen. Wenn Sie die Wahrheit suchen, spielen Meinungen keine Rolle. Sie haben sich bereits dadurch ausgezeichnet, dass Sie Ihren eigenen Weg gehen.

Treffen Sie weiterhin Entscheidungen, wie ein Künstler sie treffen würde, und trauen Sie es sich zu, zu inspirieren. Sie sind dazu geschaffen, Inspiration in etwas Magisches zu verwandeln und es *der Menschheit zurückzugeben*. Das ist Ihr Geschenk als Künstler, als Künstlerin ... und Ihr bleibendes Vermächtnis.

= *Unterrichtsende* =

Notizen zum 5. Tag

Vishen Lakhiani

Buddha meets Badass
Wie du mit spirituellen Prinzipien erfolgreich wirst

Hardcover, ISBN 978-3-949458-00-2

Warum scheint der Erfolg manchen Arbeitskollegen nur so zuzufliegen? Sie haben spontan die tollsten Ideen. Wie magnetisch ziehen sie andere Menschen an. Mit einem Lächeln auf dem Gesicht meistern sie alle Situationen und angeln sich problemlos jedes Projekt. Fast spielend bekommen sie Gehaltserhöhungen und begehrte Posten.
Was ist ihr Geheimnis? Sie gehen mit Konzentration und Kreativität ins Rennen. Sie sind meisterhaft darin, Beziehungen aufzubauen und enge Bindungen zu schmieden. Wenn sie Geschäfte machen, ist es immer eine Win-win-Situation. Und bei allem, was sie tun, scheinen sie einen großen Vorteil zu haben: unglaubliches Glück. Das Universum ist ihnen zugetan, und damit gelingt ihnen einfach alles.
Alle wollen so werden wie sie – und genau dabei hilft Bestsellerautor Vishen Lakhiani. Er zeigt, wie sich zwei scheinbar gegensätzliche Kräfte vereinen lassen: die Kraft des Buddha und die Kraft des Badass. Der eine ist der spirituelle Meister, der andere der Macher. Beide Prinzipien hat jeder bereits in sich. Wie man sie erweckt und in die eigene Arbeit und das Leben integriert, zeigt dieses Buch.

Vishen Lakhiani ist der Gründer von Mindvalley – ein Unternehmen, das die besten Lehrer und Autoren der Welt zusammenbringt, um die Bildung weltweit zu revolutionieren. Der studierte Informatiker und preisgekrönte Unternehmer ist zudem Bestsellerautor: Sein Buch »The Code of the Extraordinary Mind« (dt. »Definiere dich neu«) war die Nummer 1 der Bestsellerlisten von »New York Times« und Amazon.

Jim Kwik

Limitless
Wie du schneller lernst und dein Potenzial befreist

Hardcover, ISBN 978-3-949458-01-9

Unser Gehirn ist das mächtigste Werkzeug der Welt, aber niemand hat uns eine Bedienungsanleitung dafür gegeben. Bis jetzt!
Es gibt keine Grenzen für mentales Potenzial – wenn man nur weiß, wie man das Gehirn richtig nutzt.
Seit über 25 Jahren trainiert Mentalcoach Jim Kwik Schauspieler, Sportler, Geschäftsführer und viele weitere Menschen in allen Lebenslagen, um ihre wahre Mentalkraft zu entwickeln. In diesem bahnbrechenden Buch weiht er in die wissenschaftlich belegten Strategien und praktisch erprobten Techniken ein, die die weltweit klügsten Köpfe benutzen, um ihre Gehirnleistung zu steigern und dadurch noch erfolgreicher zu werden. Kwik zeigt, wie sich Gewohnheiten verbessern und gleichzeitig negative Wege verlassen und mühelos neue, erfolgreiche Routinen in deinen Alltag integrieren lassen. Er legt dar, wie sich Leistungsfähigkeit steigern, Motivation spüren und der mentale Nebel lichten lässt, um die schier unendlichen Kraftreserven zu aktivieren und dadurch selbst hohe und weit entfernt liegende Ziele zu erreichen.
Diesem Buch liegt ein lebensveränderndes Geheimnis zugrunde: Wer weiß, wie er richtig lernt, kann alle Grenzen des Denkens überwinden, auf neue Erfolgslevels gelangen und ein wirklich ausgefülltes Leben führen. Diese Erkenntnisse sind keine bloße Theorie – sie dienen als eine praktische, verständlich erklärte Bedienungsanleitung, wie jeder sein grenzenloses Potenzial freisetzen kann. Von den besten Techniken und Tricks der absoluten Experten, vom besten Brainfood über Schlafoptimierung bis hin zur inneren Ausgeglichenheit – egal, was es ist, es lässt sich alles erreichen, in jedem Alter.

Jim Kwik ist ein weltweit gefragter Experte für mentale Performance und Gründer von Kwik Learning. Nach einer Hirnschädigung in seiner Kindheit eignete er sich die verschiedensten Strategien an, um seine Gehirnleistung nicht nur wiederherzustellen, sondern immer weiter zu optimieren. Dieses Wissen gibt er weiter, damit Menschen ihre volle Gehirnleistung und ihr wahres Potenzial ausschöpfen können.